啄木鸟
生活与法律指引

借款合同纠纷 101 问

季 成 主编

华中科技大学出版社
http://www.hustp.com
中国·武汉

图书在版编目（CIP）数据

借款合同纠纷101问 / 季成主编. -- 武汉：华中科技大学出版社，2022.4（2024.11重印）
（啄木鸟生活与法律指引书系）

ISBN 978-7-5680-6349-4

Ⅰ.①借… Ⅱ.①季… Ⅲ.①借贷－经济合同－经济纠纷－中国－问题解答
Ⅳ.①D923.65

中国版本图书馆CIP数据核字（2022）第048738号

借款合同纠纷101问　　　　　　　　　　　　　　　　　　　　　　季成　主编
Jiekuan Hetong Jiufen 101 Wen

策划编辑：郭善珊
责任编辑：张　丛
版式设计：张　靖
责任校对：阮　敏
责任监印：朱　玢

出版发行：华中科技大学出版社（中国•武汉）　电话：（027）81321913
　　　　　武汉市东湖新技术开发区华工科技园　邮编：430223
印　　刷：武汉市籍缘印刷厂
开　　本：880mm×1230mm　1/32
印　　张：6.25
字　　数：156千字
版　　次：2024年11月第1版第4次印刷
定　　价：45.00元

本书若有印装质量问题，请向出版社营销中心调换
全国免费服务热线：400-6679-118，竭诚为您服务
版权所有　侵权必究

序 言

借款合同纠纷在我们日常生活中十分常见,作为一名民商事领域的律师,几乎每天都会遇到或接触到因借款合同产生纠纷的当事人的咨询,虽然他们产生纠纷的原因不同,诉求的金额也不同,但是存在共同的情况,就是对借款合同相关的法律知识的匮乏和陌生,因而产生大量的纠纷,同时也给一些当事人带来巨大的损失。从近几年情况来看,人民法院受理审理的借款纠纷案件约占到全部民商事案件的近三分之一,这些案件与民生息息相关。正确处理这些案件,对于维护良好的社会经济秩序有重要的意义。

为了帮助当事人了解借款合同相关的法律知识,我们组织多名法律从业人士编写了这本《借款合同纠纷101问》。本书以"问""答"的形式,精选了借款合同纠纷中相关问题,并进行了详细的解答。内容涵盖了借款合同纠纷的各个方面,从借款合同的形式、内容,到借款合同的担保;从借款合同的利率、利息、违约金,到债权转让;从借款合同的效力,到借款合同的管辖;从金融机构借款合同,到自然人之间的借款合同;从企业之间的借款合同,到P2P网络贷款合同……

本书都有涉及。同时，我们还精选、改编了相关案例，便于读者理解与之有关的规定。

本书分为六章，共计117个问答。分为借款合同基础问答、金融机构借款合同纠纷问题、自然人间借款合同纠纷问题、自然人与企业间借款合同纠纷问题、企业间借款合同纠纷问题、P2P网络贷款合同纠纷问题等。本书不仅可以作为借款合同纠纷的参考书，而且也是当事人维护自身权益的工具书。希望本书可以为有借款合同纠纷方面需要的读者答疑解惑，并尽快找到利用法律解决问题的途径。

本书从策划到成稿，历时两年多。因我们的水平、能力、经验有限，故难免存在错讹之处，还请广大读者提出宝贵意见，以便及时修订、改正。在本书即将付梓之际，我们对所有关心、支持本书的老师、朋友、读者表示衷心的感谢！

是为序！

2022年3月28日

目 录

第一章 借款合同基础问答 / 1

第一节 借款合同的形式、内容 / 1
1. 什么是借款合同？/ 1
2. 借款合同必须采用书面形式吗？/ 1
3. 借贷合同一般包括哪些条款？/ 2

第二节 担保、保证 / 4
4. 借款合同可以采用哪些担保方式？/ 4
5. 什么是保证合同？/ 4
6. 哪些主体可以作为保证人？/ 4
7. 保证担保有几种形式？/ 5
8. 债权人可以将一般保证人一并起诉吗？/ 6
9. 保证担保范围有哪些？/ 6
10. 如何理解保证期间？/ 7
11. 债权人转让债权，是否需要保证人同意？/ 7
12. 债务人转让债务，是否需要保证人同意？/ 7
13. 债权人与债务人对借款合同内容变动的，保证人要如何承担保证责任？/ 8

第三节 抵押 / 8
14. 什么是抵押担保？/ 8
15. 哪些财产可以抵押？/ 9
16. 如何选择更合适的抵押物？/ 9
17. 抵押必须要办理登记吗？/ 10

18. 如何实现抵押权？/ 10

第二章 金融机构借款合同纠纷问题 / 12

第一节 金融机构借款合同基本问题 / 12

19. 什么是金融机构借款合同？/ 12
20. 金融机构发放的贷款种类有哪些？/ 13
21. 金融借款合同应采取什么形式？/ 14
22. 金融机构借款合同的生效时间是如何规定的？/ 15
23. 什么是格式条款？/ 15
24. 签署格式合同有什么注意事项？/ 15
25. 金融机构借款合同的诉讼管辖地如何规定？/ 16
26. 金融机构宣布贷款提前到期，需要以解除合同为前提吗？/ 17
27. 什么是保全？/ 18
28. 购买新建住房申请住房公积金个人住房贷款需要准备什么申请资料？/ 19

第二节 利率、利息、违约金 / 20

29. 金融机构借款合同的利率为多少？/ 20
30. 金融机构借款合同约定利率过高怎么办？/ 22
31. 金融机构借款合同中对逾期还款、违反借款合同用途等违约行为约定支付违约金而不是约定计收利息，是否有效？/ 23
32. 金融机构借款合同纠纷中，如何认定变相利息？/ 24

第三节 信用卡 / 24

33. 办理信用卡是否属于与银行建立借贷关系？/ 24
34. 信用卡逾期还款的法律后果是什么？/ 24
35. 银行是否可以扣款还贷？/ 25
36. 如何认定持卡人将信用卡借给他人使用从中获取利息或者好处费的行为？/ 26

第四节 担保、保证 / 28

37. 金融机构发放贷款是否需要担保？/ 28
38. 什么财产不得抵押？/ 29
39. 什么是最高额抵押？/ 29
40. 单笔交易与最高额保证是什么关系？/ 30
41. 最高额保证的范围是什么？/ 30
42. 最高额保证合同的保证期间是多久？/ 30

第五节 征信 / 31

43. 借款人逾期还款会影响借款人信用吗？/ 31
44. 信贷机构会向征信机构提供信贷信息吗？/ 31
45. 不良信息的保存期限是多久？/ 32

第六节 债权转让 / 32

46. 商业银行可以将债权转给非金融机构吗？/ 32
47. 非金融机构受让债权后能否主张罚息和复利？/ 34
48. 债权转让后，未办理抵押权变更登记，债权受让人是否享有抵押权？/ 34

第七节 存量浮动利率贷款 / 35

49. 什么是存量浮动利率贷款？/ 35
50. 存量浮动利率贷款定价基准转换的原则是什么？/ 35
51. 存量浮动利率贷款定价基准转换的规则是什么？/ 36
52. 除商业性个人住房贷款的其他存量贷款定价基准如何转换？/ 36

第八节 借新还旧 / 37

53. 如何理解借新还旧？/ 37
54. 对于借新还旧，担保人是否承担责任？/ 37

第九节 合同效力 / 38

55. 以担保贷款为付款方式的商品房买卖合同被认定无效，尚未还清的银行贷款如何处理？/ 38

56. 如何识别《民法典》第一百四十三条第三项规定的"强制性规定"？/39
57. 违反规章会影响合同效力吗？/40
   【案例 2-1】信用卡透支贷款的借款合同。/40
   【案例 2-2】借名借款应当由谁来承担偿还责任？/42
   【案例 2-3】委托贷款纠纷中，受托银行能否以借款合同纠纷起诉？/45
   【案例 2-4】农村合作金融机构社团贷款问题。/47
   【案例 2-5】计算金融机构借款合同中逾期利息时应如何考量？/49
   【案例 2-6】金融借贷中的最高额保证合同问题（1）。/52
   【案例 2-7】金融借贷中的最高额保证合同问题（2）。/55
   【案例 2-8】银行贷款合同中加速到期条款是否有效？/58
   【案例 2-9】借款人被认定为骗取贷款罪，银行按正常手续放贷，借款合同、保证合同是否有效？/61
   【案例 2-10】开发商与自然人恶意串通获取银行贷款的司法实践。/66
   【案例 2-11】金融借款合同的解除（1）。/68
   【案例 2-12】金融借款合同的解除（2）。/71

第三章 自然人间借款合同纠纷问题 / 73

第一节 借款合同的基础知识 / 73

58. 自然人间的借款必须签订书面合同吗？/73
59. 自然人间的借款合同，什么时间成立？/73

第二节 借款合同利率、利息、逾期利息 / 74

60. 自然人间的借款合同，没有约定利息怎么办？/74
61. 自然人间的借款合同，没有约定还款时间怎么办？/74
62. 自然人间借款，借款人提前还款如何计算利息？/75
63. 自然人间的借款对利率有限制吗？/75
64. 自然人间借款，出借人可以预先在借款本金中扣除利息吗？/76
65. 自然人间借款，借贷双方约定复利是否有效？/76
66. 自然人间借款逾期还款的利息如何计付？/77

67. 自然人间借款的借贷双方既约定逾期利息又约定违约金或其他费用如何处理？/78
68. 自然人间借款未约定利息，借款人自愿支付或自愿支付超过上限利息如何处理？/78

第三节 夫妻债务、继承 / 78
69. 夫妻一方在婚姻关系存续期间对外借款，能否要求另一方一起偿还？/78
70. 出借人死亡之后，其继承人是否能继承其债权？/79
71. 借款人死亡之后，其继承人是否还有偿还债务的义务？/79

第四节 转让 / 80
72. 出借人向第三人转让债权，是否需要经过借款人同意？/80
73. 出借人向第三人转让债权，应由谁通知借款人？/80
74. 出借人向第三人转让债权，可通过哪些形式通知借款人？/81
75. 借款人将借款合同的义务转移给第三人的，是否要经过出借人同意？/81

第五节 借条 / 82
76. 出借人仅有借条，没有打款记录，能证明借贷事实的存在吗？/82
77. 在胁迫之下写出的借条是否有效？/83
78. 借用他人信用卡消费并承诺还款的，是否形成借贷关系？/83
79. 出借人仅以转账凭条能否认定借贷关系存在？/83
80. 因赌债写下的借条是否有效？/84

第六节 起诉 / 84
81. 起诉前，出借人应准备哪些材料？/84
82. 借款人找不到了怎么办？/86
83. 自然人间借款合同纠纷如何确定管辖法院？/86
84. 自然人间借款合同纠纷的诉讼时效是多久？/87
85. 自然人间借款合同纠纷诉讼时效过了怎么办？/87
【案例3-1】以票据交付的借款合同何时生效？/88

【案例3-2】民间借贷中的名义借款人是否应当承担还款责任？/89

【案例3-3】房屋抵押贷款后高利转贷的民间借贷合同是否有效？/91

【案例3-4】未约定利息或利息约定不明的民间借贷，逾期利息如何计算？/93

【案例3-5】分次归还的借款抵充的是本金还是利息？/94

【案例3-6】婚内任何一方借款都认定为夫妻共同债务吗？/96

【案例3-7】出借人或借款人的借贷行为涉嫌犯罪，民间借贷合同是否有效？/98

【案例3-8】借贷合同的法定解除问题。/100

第四章 自然人与企业间借款合同纠纷问题 / 102

86. 企业向其职工借款集资的行为合法吗？/102
87. 自然人与企业间借款逾期还款的利息如何计付？/103
88. 自然人与企业间借贷双方既约定逾期利息又约定违约金或其他费用如何处理？/103
89. 借贷关系与投资关系在法律上有何区别？/104
90. 名为投资实为借贷的合同如何界定？/105

【案例4-1】企业向公司职员集资的行为属于民间借贷还是非法集资？/106

【案例4-2】民间借贷法律关系中借贷双方签订房屋买卖合同作为借贷担保是否合法有效？/108

【案例4-3】约定定额收益的《委托投资理财合同》如何定性？/110

【案例4-4】如何认定名为投资实为借贷的合同？/112

第五章 企业间借款合同纠纷问题 / 115

第一节 企业间借款合同基本问题 / 115

91. 企业间借款必须签订书面合同吗？/115
92. 企业间借款合同是合法有效的吗？/115

93. 企业间借款合同何时生效？/116
94. 企业间借款合同被认定无效后怎么办？/116

第二节 利息、利率 / 117

95. 企业间借款没有约定利息或利息约定不明的，应如何处理？/117
96. 企业间借款合同，借款人提前还款如何计算利息？/117
97. 企业间的借款对利率有限制吗？/117
98. 企业间借款出借人可以预先在借款本金中扣除利息吗？/118
99. 企业间借款借贷双方约定复利是否有效？/118
100. 企业间借款借贷双方既约定逾期利息又约定违约金或其他费用如何处理？/119
101. 企业间未约定利息，借款人自愿支付或自愿支付超过上限利息如何处理？/119

第三节 职业放贷人 / 120

102. 什么是职业放贷人？/120
103. 职业放贷人从事的民间借贷行为是否有效？/120

第四节 "刑民"交叉 / 120

104. 人民法院立案后，发现借贷行为涉嫌非法集资，如何处理？/120
105. 借款人涉嫌犯罪或被认为有罪，能否起诉担保人？/121
106. "刑民"交叉案件主合同效力及担保人责任如何承担？/121
107. 出借人缺席审理导致无法查清案件主要事实的，如何处理？/122
108. 借款合同与买卖合同混同（让与担保），如何处理？/122
109. 关于借款合同的强制执行公证？/123

【案例5-1】企业之间的借款基础纠纷问题。/123
【案例5-2】企业通过网络平台发放贷款如何认定？/126
【案例5-3】委托贷款合同的认定问题。/130
【案例5-4】以承兑汇票为交付标的的借款合同。/131
【案例5-5】公司委托员工贷款的认定与裁判问题。/134

【案例5-6】"借新还旧"的担保责任应当如何认定？/ 136

第六章 P2P网络贷款合同纠纷问题 / 140

第一节 P2P网络贷款 / 140

110. 什么是P2P网络借贷？/ 140
111. P2P网络借贷的主要运营模式是什么？/ 140
112. P2P网络借贷中，借款合同何时生效？/ 141
113. P2P网络借贷中，电子合同是否具有法律效力？/ 141
114. P2P网络借贷中，电子签章是否具有法律效力？/ 141
115. 网贷平台是否需要为借款人承担保证责任？/ 142
116. P2P网络借贷中，借款人逾期还款有哪些风险？/ 143

【案例6-1】通过网络平台签订的借贷合同，借款人与借贷平台的责任应如何划分？/ 143

【案例6-2】"垫付宝"网络借贷问题。/ 144

【案例6-3】个人在网络借贷平台贷款后转借他人的纠纷问题。/ 147

【案例6-4】对于网络借贷平台上的"借款合意"如何认定？/ 150

【案例6-5】网络借贷平台账户剩余投资款的转借处置。/ 152

【案例6-6】P2P网络贷款平台中的刑事责任风险问题。/ 154

【案例6-7】在网络贷款平台上受让债权的认定问题。/ 155

附录：相关法律法规

附录A：中华人民共和国民法典（节录）/ 158

附录B：最高人民法院关于审理民间借贷案件适用法律若干问题的规定 / 178

第一章 借款合同基础问答

第一节 借款合同的形式、内容

① 什么是借款合同？

借款合同是借款人向出借人借款，到期返还借款并支付利息的合同。目前借款合同关系主要包含两部分：一是金融机构与自然人、法人和其他组织的借款合同关系；二是自然人、法人、其他组织之间及其相互之间的借款合同关系。

② 借款合同必须采用书面形式吗？

对于金融机构的借款，我国法律、行政法规都规定应当采用书面形式，其目的是明确金融机构与借款人之间的权利义务，保障金融机构信贷资金的安全。自然人之间借款既可以采用书面形式又可以采用口头形式。

3 借贷合同一般包括哪些条款？

依据《中华人民共和国民法典》（以下简称《民法典》）第六百六十八条规定，借款合同的内容一般包括借款种类、币种、用途、数额、利率、期限和还款方式等条款。

（1）借款种类

借款种类主要是按借款方的行业属性、借款用途以及资金来源和运用方式进行划分的。

（2）借款的币种

借款币种即借款合同标的的种类，根据不同情况可以是人民币也可以是外币，不同的货币种类借款利率有所不同，借款合同应对货币种类明确规定。

（3）借款用途

借款用途是指借款人使用借款的特定范围，是贷款方决定是否贷款、贷款数量、期限长短、利率高低的重要依据，借款人必须如实填写，并且借款人只能按照借款合同约定的借款用途使用借款，不能移作他用。

（4）借款金额

借款金额是指借贷货币数量的多少。任何合同都必须有数量条款，只有标的而没有数量的合同是无法履行的。没有数量，当事人权利义务的大小就无法确定，借款合同没有借款数额，就无法确定借贷货币的多少，也失去了计算借贷利息的依据。因此，没有借款数额条款，借款合同便不能成立。

（5）借款利率

利率是指一定时期借款利息与借款本金的比率。利率的高低对确定借贷双方当事人权利义务多少至关重要，借款合同不能没有利率条款。这里需要注意的是，合同约定的利率不得违反我国法律的相关规定。

（6）借款的期限

借款期限是指贷款人同意让借款人使用借款的期限。当事人双方一般根据借款的种类、用途、借款人的还款能力和出借人的资金借给能力等因素商议确定借款期限。

（7）还款的资金来源及还款方式

贷款实行"有借有还、谁借谁还"的原则。在借款合同中，应明确在合同期限届满时是一次性偿还借款，还是分期偿还借款，是本息一次性偿还，还是本息分别偿还。

（8）保证条款

保证条款是借款合同保障出借人实现债权的重要约定。对借款合同担保的方式有保证、抵押、质押，因此，担保贷款的种类有保证贷款、抵押贷款和质押贷款。借款合同的担保，当事人既可以采用由借、贷、担保三方当事人共同协商签订担保借款合同的形式，又可采用由担保人在借款合同中签字，并同时向贷款方出具书面还款保证书的形式。

（9）违约责任

违约责任是指当事人不履行合同义务时所应承担的法律责任。如果借款合同中缺少了违约责任条款，当事人的违约行为就失去了法律约束依据，当事人的权利就失去了保障，合同履行将受到严重的影响。借款合同中约定违约责任条款对于督促当事人及时、正确、全面地履行合同，保护当事人权益有重要意义，因此也是合同的主要条款。

（10）其他条款

除上述主要合同条款外，借款合同当事人还可以约定合同的变更与解除条款、争议的解决方式、通知和送达条款以及当事人双方商订的其他条款等。

第二节 担保、保证

4 借款合同可以采用哪些担保方式？

根据《民法典》第三百九十四条、第四百二十五条、第四百四十条、第四百四十七条、第五百八十六条、第五百八十七条、第六百八十一条的规定，担保的方式主要有保证、抵押、质押、留置、定金等。就借贷业务而言，一般会用到保证、抵押、质押三种担保方式。其中，保证担保和抵押担保更为常用一些。

5 什么是保证合同？

根据《民法典》第六百八十一条规定，保证合同是为保障债权的实现，保证人和债权人约定，当债务人不能履行到期债务或者发生当事人约定的情形时，保证人履行债务或者承担责任的合同。

6 哪些主体可以作为保证人？

根据《民法典》第六百八十三条规定，机关法人不得为保证人，但是经国务院批准为使用外国政府或者国际经济组织贷款进行转贷的除外。

以公益为目的的非营利法人、非法人组织不得为保证人。

债权人在使用保证的担保方式时，一定要注意审查保证人的主体资格是否符合上述规定，以免因保证人主体资格的问题导致保证合同无效而带来不必要的损失。

7 保证担保有几种形式？

根据《民法典》第六百八十六条规定，保证的方式包括一般保证和连带责任保证。

《民法典》第六百八十七条规定，当事人在保证合同中约定，债务人不能履行债务时，由保证人承担保证责任的，为一般保证。

一般保证的保证人在主合同纠纷未经审判或者仲裁，并就债务人财产依法强制执行仍不能履行债务前，有权拒绝向债权人承担保证责任，但是有下列情形之一的除外：

（一）债务人下落不明，且无财产可供执行；

（二）人民法院已经受理债务人破产案件；

（三）债权人有证据证明债务人的财产不足以履行全部债务或者丧失履行债务能力；

（四）保证人书面表示放弃本款规定的权利。

《民法典》第六百八十八条规定，当事人在保证合同中约定保证人和债务人对债务承担连带责任的，为连带责任保证。

连带责任保证的债务人不履行到期债务或者发生当事人约定的情形时，债权人可以请求债务人履行债务，也可以请求保证人在其保证范围内承担保证责任。

⑧ 债权人可以将一般保证人一并起诉吗？

《最高人民法院关于适用〈中华人民共和国民法典〉有关担保制度的解释》第二十六条规定，一般保证中，债权人以债务人为被告提起诉讼的，人民法院应予受理。债权人未就主合同纠纷提起诉讼或者申请仲裁，仅起诉一般保证人的，人民法院应当驳回起诉。

一般保证中，债权人一并起诉债务人和保证人的，人民法院可以受理，但是在作出判决时，除有《民法典》第六百八十七条第二款但书规定的情形外，应当在判决书主文中明确，保证人仅对债务人财产依法强制执行后仍不能履行的部分承担保证责任。

⑨ 保证担保范围有哪些？

《民法典》第六百九十一条保证的范围包括主债权及其利息、违约金、损害赔偿金和实现债权的费用。当事人另有约定的，按照其约定。

因此，为了更好地维护自己的权利，债权人最好在合同中对保证担保的范围做出明确约定，尤其是要界定好"实现债权的费用"的范围，例如可以这样约定："本合同保证担保的范围包括主债权本金、利息、复利、罚息、违约金、损害赔偿金以及实现债权和担保权利的费用［包括但不限于诉讼费（或仲裁费）、律师费、差旅费、保全费、公告费、保险费、评估费、拍卖费、保管费、鉴定费等所有其他应付合理费用］。

⑩ 如何理解保证期间？

根据《民法典》第六百九十二条规定，保证期间是确定保证人承担保证责任的期间，不发生中止、中断和延长。

债权人与保证人可以约定保证期间，但是约定的保证期间早于主债务履行期限或者与主债务履行期限同时届满的，视为没有约定；没有约定或者约定不明确的，保证期间为主债务履行期限届满之日起六个月。

债权人与债务人对主债务履行期限没有约定或者约定不明确的，保证期间自债权人请求债务人履行债务的宽限期届满之日起计算。

⑪ 债权人转让债权，是否需要保证人同意？

根据《民法典》第六百九十六条规定，债权人转让全部或者部分债权，未通知保证人的，该转让对保证人不发生效力。保证人与债权人约定禁止债权转让，债权人未经保证人书面同意转让债权的，保证人对受让人不再承担保证责任。

⑫ 债务人转让债务，是否需要保证人同意？

根据《民法典》第六百九十七条规定，债权人未经保证人书面同意，允许债务人转移全部或者部分债务，保证人对未经其同意转移的债务不再承担保证责任，但是债权人和保证人另有约定的除外。

⑬ 债权人与债务人对借款合同内容变动的，保证人要如何承担保证责任？

根据《民法典》第六百九十五条规定，债权人和债务人未经保证人书面同意，协商变更主债权债务合同内容，减轻债务的，保证人仍对变更后的债务承担保证责任；加重债务的，保证人对加重的部分不承担保证责任。

债权人和债务人变更主债权债务合同的履行期限，未经保证人书面同意的，保证期间不受影响。

第三节 抵 押

⑭ 什么是抵押担保？

根据《民法典》第三百八十六条规定，担保物权人在债务人不履行到期债务或者发生当事人约定的实现担保物权的情形，依法享有就担保财产优先受偿的权利，但是法律另有规定的除外。

抵押人可以是第三人，也可以是债务人自己。抵押物可以是动产，也可以是不动产。抵押人不转移抵押物的占有，抵押人可以继续占有、使用抵押物。抵押担保以抵押权人（债权人）行使优先受偿权而实现。抵押权的行使必须以债务人不履行债务为前提。

由此可以看出，抵押人可以是第三人，也可以是债务人自己。抵押物可以是动产，也可以是不动产。抵押人不转移抵押物的占有，抵押人可以继续占有、使用抵押物。抵押担保以抵押权人（债权人）行使优先受偿权而实现。抵押权的行使必须以债务人不履行债务为前提。

⑮ 哪些财产可以抵押？

根据《民法典》第三百九十五条规定，债务人或者第三人有权处分的下列财产可以抵押：

（一）建筑物和其他土地附着物；

（二）建设用地使用权；

（三）海域使用权；

（四）生产设备、原材料、半成品、产品；

（五）正在建造的建筑物、船舶、航空器；

（六）交通运输工具；

（七）法律、行政法规未禁止抵押的其他财产。

抵押人可以将前款所列财产一并抵押。

⑯ 如何选择更合适的抵押物？

根据《民法典》第三百九十五条规定的可用于抵押的财产，建议债权人从以下方面考虑抵押物的选择。

（1）法律法规允许买卖、抵押的，即抵押物必须属于《民法典》及相关法律中明确规定可以抵押的财产。

（2）不可抗力风险最小。

（3）价格稳定。指抵押物的市场价值相对稳定，不易发生贬值的情况。

（4）易于拍卖、变现。由于抵押物是对第一还款来源的补充，因此当借款人第一还款来源不足，无法偿还贷款本息时，最终只能通过处置抵押物来偿还贷款本息。

还要注意，抵押权要想实现抵押物一定要"变现"，借款合同的债权人看重的是抵押物的交换价值。

17 抵押必须要办理登记吗？

不动产抵押除了要订立书面合同外，还需要办理抵押登记，抵押权自登记时设立。但是未办理物权登记的，不影响合同效力。也就是说，未办理抵押登记的不动产抵押合同，债权人并不享有对这个不动产的抵押权，无权在债务人无法偿还债务时对不动产变价处分并优先受偿。动产抵押，抵押权自抵押合同生效时生效，但是未经登记，不能对抗善意第三人。

在此建议，作为借款合同的债权人，无论是不动产抵押还是动产抵押，建议都要去办理抵押登记，取得抵押权并取得对抗第三人的效果。

18 如何实现抵押权？

《最高人民法院关于适用〈中华人民共和国民法典〉有关担保制度的解释》第四十五条规定，当事人约定当债务人不履行到期债务或者发生当事人约定的实现担保物权的情形，担保物权人有权将担保财产自行拍卖、变卖并就所得的价款优先受偿的，该约定有效。因担保人的原因导致担保物权人无法自行对担保财产进行拍卖、变卖，担保物权人请求担保人承担因此增加的费用的，人民法院应予支持。

当事人依照民事诉讼法有关"实现担保物权案件"的规定,申请拍卖、变卖担保财产,被申请人以担保合同约定仲裁条款为由主张驳回申请的,人民法院经审查后,应当按照以下情形分别处理:

(一)当事人对担保物权无实质性争议且实现担保物权条件已经成就的,应当裁定准许拍卖、变卖担保财产;

(二)当事人对实现担保物权有部分实质性争议的,可以就无争议的部分裁定准许拍卖、变卖担保财产,并告知可以就有争议的部分申请仲裁;

(三)当事人对实现担保物权有实质性争议的,裁定驳回申请,并告知可以向仲裁机构申请仲裁。

债权人以诉讼方式行使担保物权的,应当以债务人和担保人作为共同被告。

第二章 金融机构借款合同纠纷问题

第一节 金融机构借款合同基本问题

19 什么是金融机构借款合同？

金融机构借款合同是指以银行等金融机构为出借人，以法人非法人组织、自然人为借款人所订立的借款合同。

根据《银行保险机构许可证管理办法》第三条的规定，银行保险机构包括政策性银行、大型银行、股份制银行、城市商业银行、民营银行、外资银行、农村中小银行机构等银行机构及其分支机构，保险集团（控股）公司、保险公司、保险资产管理公司、金融资产管理公司、信托公司、企业集团财务公司、金融租赁公司、汽车金融公司、货币经纪公司、消费金融公司、银行理财公司、金融资产投资公司以及经银保监会及其派出机构批准设立的其他非银行金融机构及其分支机构，保险代理集团（控股）公司、保险经纪集团（控股）公司、保险专业代理公司、保险经纪公司、保险兼业代理机构等保险中介机构。

实践中，金融机构包括经一行两会等金融监管部门批准设立的银行、非银行金融机构及各自的分支机构，以及经有关政府部门批准设立的从事金融活动的典当行、小额贷款公司等法人及其分支机构。原则上说，凡持牌经营的金融机构签订的借款合同，都属于金融借款合同的范畴。①

20 金融机构发放的贷款种类有哪些?

根据《贷款通则》第七条、第八条、第九条规定，贷款种类有如下几种：

自营贷款、委托贷款和特定贷款：

自营贷款指贷款人以合法方式筹集的资金自主发放的贷款，其风险由贷款人承担，并由贷款人收回本金和利息；

委托贷款指由政府部门、企事业单位及个人等委托人提供资金，由贷款人（即受托人）根据委托人确定的贷款对象、用途、金额、期限、利率等代为发放、监督使用并协助收回的贷款，贷款人（受托人）只收取手续费，不承担贷款风险；

特定贷款指国务院批准并对贷款可能造成的损失采取相应补救措施后责成国有独资商业银行发放的贷款。

短期贷款、中期贷款和长期贷款：

短期贷款指贷款期限在1年以内（含1年）的贷款；

---

① 《〈全国法院民商事审判工作会议纪要〉理解与适用》，最高人民法院民事审判第二庭编著，北京：人民法院出版社，2019.12。

中期贷款指贷款期限在1年以上（不含1年）5年以下（含5年）的贷款；

长期贷款指贷款期限在5年（不含5年）以上的贷款。

信用贷款、担保贷款和票据贴现：

信用贷款指以借款人的信誉发放的贷款；

担保贷款指保证贷款、抵押贷款、质押贷款。保证贷款指按保证方式以第三人承诺在借款人不能偿还贷款时，按约定承担一般保证责任或者连带责任而发放的贷款；抵押贷款指按抵押方式以借款人或第三人的财产作为抵押物发放的贷款；质押贷款指按质押方式以借款人或第三人的动产或权利作为质物发放的贷款。

票据贴现指贷款人以购买借款人未到期商业票据的方式发放的贷款。

21 金融借款合同应采取什么形式？

对于金融机构签订的借款合同，我国法律、行政法规都规定应当采用书面形式，其目的是明确金融机构与借款人之间的权利义务，保障金融机构信贷资金的安全。

《贷款通则》第二十九条规定，所有贷款应当由贷款人与借款人签订借款合同。借款合同应当约定借款种类，借款用途、金额、利率，借款期限，还款方式，借、贷双方的权利、义务，违约责任和双方认为需要约定的其他事项。

《中华人民共和国商业银行法》第三十七条规定，商业银行贷款，应当与借款人订立书面合同。合同应当约定贷款种类、借款用途、金额、利率、还款期限、还款方式、违约责任和双方认为需要约定的其他事项。

22 金融机构借款合同的生效时间是如何规定的？

《民法典》第四百九十条规定，当事人采用合同书形式订立合同的，自当事人均签名、盖章或者按指印时合同成立。

《民法典》第五百零二条规定，依法成立的合同，自成立时生效，但是法律另有规定或者当事人另有约定的除外。

金融机构借款合同应当采用书面形式，自双方当事人签字或者盖章时合同成立。依法成立的合同，自成立时生效，在双方当事人对合同的成立和生效没有特别约定时，不需以贷款交付贷款作为要件。

23 什么是格式条款？

格式条款是当事人为了重复使用而预先拟定，并在订立合同时未与对方协商的条款。

实践中，金融机构签署的借款合同中，一般采用金融机构提供的标准文本。除涉及借款金额、期限、利率等关键条款外，特别是违约条款、合同解除条款等，能够允许借款人磋商和变更的余地很小，属于典型的格式条款。

24 签署格式合同有什么注意事项？

《民法典》第四百九十六条规定，格式条款是当事人为了重复使用而预先拟定，并在订立合同时未与对方协商的条款。

采用格式条款订立合同的，提供格式条款的一方应当遵循公平原则确定当事人之间的权利和义务，并采取合理的方式提示对方注意免除或者减轻其责任等与对方有重大利害关系的条款，按照对方的要求，对该条款予以说明。提供格式条款的一方未履行提示或者说明义务，致使对方没有注意或者理解与其有重大利害关系的条款的，对方可以主张该条款不成为合同的内容。

《民法典》第四百九十八条规定，对格式条款的理解发生争议的，应当按照通常理解予以解释。对格式条款有两种以上解释的，应当作出不利于提供格式条款一方的解释。格式条款和非格式条款不一致的，应当采用非格式条款。

实践中，金融机构为了防范风险，经常采取的操作方式是对免除或者限制借款人责任的条款进行加粗或者在条款下方加下划线，由金融机构的工作人员逐一提示借款人引起注意。借款人对格式条款有疑问的，会按照其要求进行详细说明。此外，金融机构还会在借款合同、保证合同中设置知情和承诺条款。例如"借款人已阅读合同及主合同所有条款，应借款人的要求，本金融机构已经就合同及主合同做了相应的条款说明，借款人对合同及主合同条款的含义及相应的法律后果已全部知晓并充分了解"等。

㉕ 金融机构借款合同的诉讼管辖地如何规定？

金融机构借款合同一般均由协议管辖约定，如约定"向贷款方所在地人民法院起诉"。通常情况下，该类型案件的管辖法院基本上为银行等金融机构住所地人民法院。住所地既涉及地域管辖，又涉及级别管辖。在住所地明确的情形下，仍需遵循各地按标的金额等要素划分级别管辖的规定，将案件提交给住所地有管辖权的法院管辖。

金融机构借款合同中未约定"由贷款机构住所地管辖"的，可按照以下情况选择管辖法院。

（1）对公民提起的民事诉讼，由被告住所地人民法院管辖。被告住所地与经常居住地不一致的，由经常居住地人民法院管辖。公民的经常居住地是指公民离开住所地至起诉时已连续居住一年以上的地方，但公民住院就医的地方除外。

（2）对法人或者其他组织提起的民事诉讼，由被告住所地人民法院管辖。法人或者其他组织的住所地是指法人或者其他组织的主要办事机构所在地。法人或者其他组织的主要办事机构所在地不能确定的，法人或者其他组织的注册地或者登记地为住所地。

（3）合同履行地是没有约定管辖地情形时，原告可以选择合同履行地人民法院管辖，合同约定履行地点的，以约定的履行地点为合同履行地。合同对履行地点没有约定或者约定不明确，争议标的为给付货币的，接收货币一方所在地为合同履行地。

26 金融机构宣布贷款提前到期，需要以解除合同为前提吗？

金融机构宣布贷款提前到期，是指金融机构与借款人在借款合同中约定，如果发生一定的事由，即使贷款尚未到期，金融机构也有权将合同约定的还款期限提前，从而在还款期限届满前享有要求借款人履行还本付息义务的权利。

借款合同关于金融机构提前收回贷款有约定的，该约定只要不违反法律、法规的强制性规定，应认定有效。在金融机构主张借款人提前还款的条件成就时，金融机构据此诉请要求借款人提前还款的，法院应予支持。该诉请不以解除合同为前提，故金融机构无须主张解除合同诉请。

27 什么是保全？

《中华人民共和国民事诉讼法》（以下简称《民事诉讼法》）第一百条规定，人民法院对于可能因当事人一方的行为或者其他原因，使判决难以执行或者造成当事人其他损害的案件，根据对方当事人的申请，可以裁定对其财产进行保全、责令其作出一定行为或者禁止其作出一定行为；当事人没有提出申请的，人民法院在必要时也可以裁定采取保全措施。

人民法院采取保全措施，可以责令申请人提供担保，申请人不提供担保的，裁定驳回申请。

人民法院接受申请后，对情况紧急的，必须在四十八小时内作出裁定；裁定采取保全措施的，应当立即开始执行。

《民事诉讼法》第一百零一条规定，利害关系人因情况紧急，不立即申请保全将会使其合法权益受到难以弥补的损害的，可以在提起诉讼或者申请仲裁前向被保全财产所在地、被申请人住所地或者对案件有管辖权的人民法院申请采取保全措施。申请人应当提供担保，不提供担保的，裁定驳回申请。

人民法院接受申请后，必须在四十八小时内作出裁定；裁定采取保全措施的，应当立即开始执行。

申请人在人民法院采取保全措施后三十日内不依法提起诉讼或者

申请仲裁的,人民法院应当解除保全。

实践中,在处理金融机构借款合同纠纷案件时,特别是标的较大的案件,原告通常会申请对各个被告的财产采取财产保全措施。原告申请保全的目的不仅是为了在案件胜诉后,有财产可供执行,也是为了在执行程序中取得对已经抵押财产进行处置的主动权。

28 购买新建住房申请住房公积金个人住房贷款需要准备什么申请资料?

此处新建住房指商品住房期房、商品住房现房、限价商品住房、经济适用住房及共有产权住房等。此处以北京住房公积金网站公示的申请资料为例。

借款申请人需准备以下申请资料,包括个人身份资料、购房资料、特殊情况下需要补充的资料。(见表1)

表1

资料类别	资料名称	规格	份数	备注
个人身份资料	身份证、军官证、护照或港澳台通行证	原件	1	对于已婚者,须夫妻双方提供;有房屋共有人的,须每个共有人提供
	户口本人页及变更页	原件	1	
	婚姻关系证件	原件	1	已婚者提供结婚证;离婚者提供离婚证件;未婚者不提供
个人身份资料	拟用于还款的银行卡或存折	原件	1	建议使用住房公积金联名卡
	购房合同(正本)	原件	1	不方便提供原件的,提供复印件
	购房首付款发票	原件	1	

续表

资料类别	资料名称	规格	份数	备注
特殊情况下需要补充的资料	离、退休证书	原件	1	离退休职工提供
	离退休职工申请贷款当月或上一个月记载社会基本养老保险发放记录的银行流水单	原件	1	
	异地贷款职工住房公积金缴存使用证明	原件	1	异地缴存借款申请人提供

说明：1. 对于离异的，除离婚证外也可提供离婚民事判决书或民事调解书

2. 对于需要申请组合贷款的，则组合贷款商贷部分资料按照银行商贷要求准备

第二节 利率、利息、违约金

29 金融机构借款合同的利率为多少？

《贷款通则》第十三条规定，贷款利率的确定：贷款人应当按照中国人民银行规定的贷款利率上下限，确定每笔贷款利率，并在借款合同中载明。

需要注意的是，中国人民银行于2019年8月16日就改革完善贷款市场报价利率（LPR）形成机制发布了2019年第15号公告，公告主要有以下内容："一、自2019年8月20日起，中国人民银行授权全国银行间同业拆借中心于每月20日（遇节假日顺延）9时30分公布贷款市场报价利率，公众可在全国银行间同业拆借中心和中国人民银行网站查询。二、贷款市场报价利率报价行应于每月20日（遇节假日

顺延）9时前，按公开市场操作利率（主要指中期借贷便利利率）加点形成的方式，向全国银行间同业拆借中心报价。全国银行间同业拆借中心按去掉最高和最低报价后算术平均的方式计算得出贷款市场报价利率。三、为提高贷款市场报价利率的代表性，贷款市场报价利率报价行类型在原有的全国性银行基础上增加城市商业银行、农村商业银行、外资银行和民营银行，此次由10家扩大至18家，今后定期评估调整。四、将贷款市场报价利率由原有1年期一个期限品种扩大至1年期和5年期以上两个期限品种。银行的1年期和5年期以上贷款参照相应期限的贷款市场报价利率定价，1年期以内、1年至5年期贷款利率由银行自主选择参考的期限品种定价。五、自即日起，各银行应在新发放的贷款中主要参考贷款市场报价利率定价，并在浮动利率贷款合同中采用贷款市场报价利率作为定价基准。存量贷款的利率仍按原合同约定执行。各银行不得通过协同行为以任何形式设定贷款利率定价的隐性下限。六、中国人民银行将指导市场利率定价自律机制加强对贷款市场报价利率的监督管理，对报价行的报价质量进行考核，督促各银行运用贷款市场报价利率定价，严肃处理银行协同设定贷款利率隐性下限等扰乱市场秩序的违规行为。中国人民银行将银行的贷款市场报价利率应用情况及贷款利率竞争行为纳入宏观审慎评估（MPA）。"

也就是说，自2019年8月20日起，中国人民银行贷款基准利率这一标准已经取消，凡涉及中国人民银行公布的贷款基准利率的，需调整为中国人民银行授权全国银行间同业拆借中心公布的贷款市场报价利率。

30 金融机构借款合同约定利率过高怎么办？

一般来说，金融机构借贷的利率要低于民间借贷的利率。一些司法实践认为，在金融机构设定利率过高的情形下，即便当事人未提出抗辩，司法机关也应予以干预。

《最高人民法院关于审理民间借贷案件适用法律若干问题的规定（2020第二次修正）》第二十五条规定，出借人请求借款人按照合同约定利率支付利息的，人民法院应予支持，但是双方约定的利率超过合同成立时一年期贷款市场报价利率四倍的除外。第二十九条规定，出借人与借款人既约定了逾期利率，又约定了违约金或者其他费用，出借人可以选择主张逾期利息、违约金或者其他费用，也可以一并主张，但是总计超过合同成立时一年期贷款市场报价利率四倍的部分，人民法院不予支持。虽然金融机构发放贷款并不适用上述规定，然而，相较于民间借贷，金融机构的贷款利率应受到更为严格的限制。首先，虽然中国人民银行已全面放开金融机构贷款利率管制，并不规定金融机构贷款利率的上下限，交由金融机构自主确定，但此举旨在推进利率市场化改革，通过市场竞争提高金融机构的经营能力和服务水平，促进金融资源的优化配置。也即放开金融机构贷款利率上限的目的绝非放任金融机构牟取高利。其次，法律之所以介入民事主体之间的合同约定，限制民间借贷的利率，一方面是出于资金优化配置的考量，防止资金脱离实体经济，另一方面则是为了限制高利行为，防范社会危机。通常意义上，借款年利率24%以上即为高利。金融机构与从事民间借贷行为的自然人、法人和其他组织同为平等的民事主体，其从事借款等民事活动亦应当遵循公平原则，不得损害社会公共利益、扰乱社会经济秩序。最后，金融机构的贷款风险低于民间借贷的风险，从资金来源上看，金融机构是法律认可的吸收公众存款的机构，其用于贷款的资金来源较为稳定；从风险管控上看，金融机构除了收取高额利息，尚有其他措施保障借款人履行还款义务，例如事前严格审查借款人资质，事后将违约信息上报至征信系统，等等。贷款利率的定价与其风险密切相关，就此而言，金融机构的贷款收益不应高于民间借贷。

31 金融机构借款合同中对逾期还款、违反借款合同用途等违约行为约定支付违约金而不是约定计收利息，是否有效？

在借款合同中，对逾期还款、违反借款合同用途使用借款等违约行为约定支付违约金，与约定计收利息均是对违约责任承担方式的约定，该约定不违反法律的强制性规定，应属有效。

但需要注意的是，根据《中国人民银行关于人民币贷款利率有关问题的通知》的规定，逾期贷款（借款人未按合同约定日期还款的借款）罚息利率为在借款合同载明的贷款利率水平上加收30%~50%；借款人未按合同约定用途使用借款的罚息利率，为在借款合同载明的贷款利率水平上加收50%~100%。

对逾期或未按合同约定用途使用借款的贷款，从逾期或未按合同约定用途使用贷款之日起，按罚息利率计收利息，直至清偿本息为止。对不能按时支付的利息，按罚息利率计收复利。

因此，当事人在借款合同中约定逾期还款的违约金或违反合同约定借款用途的违约金，也应符合上述规定，超出上述幅度的，超出部分法院可能不予支持。

㉜ 金融机构借款合同纠纷中，如何认定变相利息？

《全国法院民商事审判工作会议纪要》第五十一条规定，金融借款合同纠纷中，借款人认为金融机构以服务费、咨询费、顾问费、管理费等为名变相收取利息，金融机构或者由其指定的人收取的相关费用不合理的，人民法院可以根据提供服务的实际情况确定借款人应否支付或者酌减相关费用。

第三节 信用卡

㉝ 办理信用卡是否属于与银行建立借贷关系？

信用卡的申请人在阅读并同意信用卡领用合约后，申请办理并使用信用卡，与信用卡的发卡行形成借款合同关系，这种法律关系不违反法律及行政法规的强制性规定，属合法有效的法律关系，双方当事人均应依照承诺，忠实履行信用卡领用合约的约定。

㉞ 信用卡逾期还款的法律后果是什么？

信用卡的持卡人应及时通过发卡行许可的渠道，以现金存入或合法款项转账等方式向发卡行偿还全部应还款项或最低还款额，并确保还款在到期还款日或最后还款日前到账，否则即构成逾期还款。

（1）持卡人逾期还款应承担由此产生的透支利息，滞纳金和其他法律责任，其信用记录也将受影响。

第二章 金融机构借款合同纠纷问题

（2）持卡人逾期天数不同，持卡人的还款可能会按照不同的顺序冲还应还款项。

（3）发卡行有权自行或委托第三方专业机构律师通过电话、信函、手机信息、电子邮件、上门面访、公告或司法途径向持卡人催缴应还款项。

（4）有些信用卡申领合约中还会约定，如持卡人未按时偿还任何到期应还款项，持卡人授权开卡行随时扣划持卡人在开卡行及其分支机构开立的任何账户中的资金用于清偿，包括在持卡人的多张主卡间或多币种卡的各币种账户间进行资金抵消。扣划后发卡行应将相关扣划结果以手机信息或信函等方式通知持卡人。

35 银行是否可以扣款还贷？

在实践中，部分商业银行为了使贷款债权便于实现，在贷款合同中约定如下条款"出现借款人对银行的任何到期负债未得到及时清偿的，银行有权从借款人在本银行开立的任何账户中划扣款项进行清偿"，因此存在银行直接从借款人存款账户中直接扣划存款以抵扣贷款的行为。甚至有些借款合同还会约定"借款人未按本合同约定按时偿还借款本息，贷款人有权从借款人在贷款人处以及某某银行系统其他机构开立的任何账户按先利息后本金的顺序直接扣收"。

目前我国并没有直接调整扣款还贷的法律，针对该问题，不同的法院判决有不同的解释，有的法院认为，借款人与银行签订的合同属于双方的真实意思表示，且未违反法律、法规的强制性规定，所以合同有效，银行的划扣行为并不构成侵权。

也有的法院认为，建行 A 支行虽认为其直接划扣借款人存款系基于建行 B 支行与借款人签订的借款合同中的相关约定，但上述条款实质上赋予了银行直接扣划存款人储蓄存款的权利，且该条款为银行一方事先拟定之格式条款，对于该条款的法律效力，尚有待于进一步确认。退而言之，即便上述条款具有法律效力，因建行 B 支行与借款人之间的借款合同纠纷已经法院作出生效裁决，借款人拒不履行生效判决确定的给付义务，亦应通过向法院申请强制执行，由司法机关依执行程序予以处理。本案中，建行 B 支行曾申请强制执行，后该次执行程序终止，建行 B 支行尚未申请恢复执行，在法院未出具协助执行的法律文书或双方重新达成履行该判决的和解协议由借款人自愿清偿的情形下，建行 A 银行无权擅自对借款人的存款进行划扣，更无权以"司法划扣"的名义进行划扣，其上述行为已侵害对借款人的财产权利。对此，我们提醒借款人在与金融机构签署借款合同时，对于合同中约定的扣款还贷条款予以注意。

36 如何认定持卡人将信用卡借给他人使用从中获取利息或者好处费的行为？

我们以一个案件的裁判思路对持卡人出借信用卡的法律关系、效力、赔偿责任、诉讼等内容逐一说明。

（1）出借人（持卡人）与借用人（实际使用人）之间成立民间借贷关系，《民法典》第六百六十七条规定，借款合同是借款人向贷款人借款，到期返还借款并支付利息的合同。《最高人民法院关于审理民间借贷案件适用法律若干问题的规定（2020 第二次修正）》第一条规定：本规定所称的民间借贷，是指自然人、法人和非法人组织之间进行资金融通的行为。信用卡具有消费支付、信用贷款、取现等融资功能。

出借人（持卡人）将信用卡出借给借用人（实际使用人），让借用人（实际使用人）可以通过信用卡进行融资消费，出借人（持卡人）则对发卡行负有债务，出借人与借用人具有民间借贷的性质，成立民间借贷关系。

（2）民间借贷关系是否有效？银保监会、公安部、市场监管总局、人民银行联合发布的《关于规范民间借贷行为维护经济金融秩序有关事项的通知》规定：民间借贷中，出借人的资金必须是其合法收入的自有资金。严厉打击套取金融机构信贷资金，再高利转贷。《最高人民法院关于审理民间借贷案件适用法律若干问题的规定（2020第二次修正）》第十三条规定，具有下列情形之一，人民法院应当认定民间借贷合同无效：（一）套取金融机构贷款转贷的。信用卡持卡人虽然在信用额度范围内可以消费或者取现，但信用卡额度范围内的资金不是持卡人的自有资金，出借信用卡不能等同于出借资金。民间借贷出借人出借的资金必须是其合法收入的自有资金，出借信用卡给他人使用赚取利息或者好处费属于套取金融机构资金转借谋取高利的行为，扰乱了社会主义市场经济秩序，损害了社会公共利益。出借人（持卡人）将信用卡拿给借用人，借用人又拿给第三人透支银行资金使用，出借人（持卡人）从中获取一定好处费，违反了相关法律法规的规定，双方的民间借贷关系属于损害社会公共利益的行为，不具有法律效力。

（3）合同无效或者被撤销后，因该合同取得的财产，应当予以返还；不能返还或者没有必要返还的，应当折价补偿。有过错的一方应当赔偿对方因此所受到的损失，双方都有过错的，应当各自承担相应的责任。信用卡借用关系中，借用人（实际用卡人）透支信用卡未按期归还发卡行的情况下，出借人（持卡人）向发卡行负有债务，且借用人的违约行为还可能给出借人造成挂失手续费、违约金等其他经济损失。对借用人透支信用卡未按期归发卡行给出借人造成的损失费用，如果出借人向发卡行偿还了欠款，出借人要求借用人返还财产并赔偿因此造成的损失的，人民法院应根据当事人的损失及过错责任予以处理。或者出借人和借用人对出借人代为偿还的透支款项经协商同意转为民间借款关系，借用人后又未按期归还出借人，出借人要求借用人归还的，人民法院应当根据相关情况予以处理。

综上，出借人作为信用卡的持卡人，与发卡行存在信用卡领用合约关系，持卡人将信用卡出借给他人使用从中获取利息或者好处费的行为不但违反了与发卡银行的信用卡领用合约，而且违反了相关法律规定，属于无效的民间借贷行为，借用人透支的款项依法应当视为出借人对发卡行负有的债务。在借贷行为无效的情况下，出借人要求借用人归还透支款并赔偿损失类似于法律上的追偿权，应当以出借人履行代偿义务为前提条件。借用人透支信用卡未按期还款，出借人在未履行代还义务，未归还发卡行透支款本息的情况下，即向人民法院起诉要求借用人赔还信用卡透支款本息的，并赔偿信用卡挂失手续费、分期手续费等损失的，人民法院不予支持。

第四节 担保、保证

37 金融机构发放贷款是否需要担保？

《贷款通则》第十条规定，除委托贷款以外，贷款人发放贷款，借款人应当提供担保。贷款人应当对保证人的偿还能力，抵押物、质物的权属和价值以及实现抵押权、质权的可行性进行严格审查。

经贷款审查、评估，确认借款人资信良好，确能偿还贷款的，可以不提供担保。

38 什么财产不得抵押？

《民法典》第三百九十九条规定，下列财产不得抵押：

（一）土地所有权；

（二）宅基地、自留地、自留山等集体所有土地的使用权，但是法律规定可以抵押的除外；

（三）学校、幼儿园、医疗机构等为公益目的成立的非营利法人的教育设施、医疗卫生设施和其他公益设施；

（四）所有权、使用权不明或者有争议的财产；

（五）依法被查封、扣押、监管的财产；

（六）法律、行政法规规定不得抵押的其他财产。

需要注意的是，根据《对关于私立学校、幼儿园、医院的教育设施、医疗卫生设施能否抵押的请示的意见》（法工办发〔2009〕231号）的规定，私立学校、幼儿园、医院和公办学校、幼儿园、医院，只是投资渠道上不同，其公益属性是一样的。私立学校、幼儿园、医院的教育设施、医疗卫生设施也属于社会公益设施，按照《民法典》第三百九十九条规定，不得抵押。

39 什么是最高额抵押？

《民法典》第四百二十条规定，为担保债务的履行，债务人或者第三人对一定期间内将要连续发生的债权提供担保财产的，债务人不履行到期债务或者发生当事人约定的实现抵押权的情形，抵押权人有权在最高债权额限度内就该担保财产优先受偿。

⑩ 单笔交易与最高额保证是什么关系？

最高额抵押较之一般抵押最大的区别就在于其与主债务的关系具有更强的独立性。最高额抵押通常是为将来一定期间连续发生的债务提供担保，其中某一笔交易的效力并不影响最高额担保合同的效力。而一般抵押则因主合同无效而无效。在最高额抵押的情形下，即使主债务无效，基于主债务无效而确定的债务额也要作为最高额抵押计算债务余额的基数。最高额抵押人的责任是在订立合同时确立的，通过最高额抵押期间和最高限额限定担保责任，不因为最高额抵押期间发生的债务余额之增加而加重最高额抵押人的担保责任。因此，只要是发生在最高额抵押期间内，不超过最高限额的债务的余额，最高额抵押人均应承担保证责任。

⑪ 最高额担保的范围是什么？

最高额抵押合同的不特定债权确定后，抵押人应当对在最高债权额限度内就一定期间连续发生的债权余额承担担保责任。

⑫ 最高额保证合同的保证期间是多久？

《最高人民法院关于适用〈中华人民共和国民法典〉担保部分的解释》第二十九条规定，最高额保证合同中，所担保的债务逐笔单独计算保证期间,但是当事人对保证期间的计算方式以及起算日期等另有约定的除外。

第五节 征信

43 借款人逾期还款会影响借款人信用吗?

《征信业管理条例》第四十四条规定,不良信息,是指对信息主体信用状况构成负面影响的下列信息:信息主体在借贷、赊购、担保、租赁、保险、使用信用卡等活动中未按照合同履行义务的信息,对信息主体的行政处罚信息,人民法院判决或者裁定信息主体履行义务以及强制执行的信息,以及国务院征信业监督管理部门规定的其他不良信息。

44 信贷机构会向征信机构提供信贷信息吗?

《征信业管理条例》第二十九条规定,从事信贷业务的机构应当按照规定向金融信用信息基础数据库提供信贷信息。

从事信贷业务的机构向金融信用信息基础数据库或者其他主体提供信贷信息,应当事先取得信息主体的书面同意,并适用本条例关于信息提供者的规定。

《征信业管理条例》第十九条规定,征信机构或者信息提供者、信息使用者采用格式合同条款取得个人信息主体同意的,应当在合同中作出足以引起信息主体注意的提示,并按照信息主体的要求作出明确说明。

以某银行信用卡领用合约中约定的格式条款为例,该领用合约中以加粗的方式约定了如下条款:乙方同意甲方根据适用法律,将在信用卡申领关系建立和存续期间获得的乙方的个人基本信息、信贷信息、信用信息、不良信息(即适用法律规定的对乙方信用状况构成负面影响的信息)和其他有关信息,提供给中国人民银行个人信用信息基础数据库和其他合法设立的征信机构。

45 不良信息的保存期限是多久?

《征信业管理条例》第十六条规定,征信机构对个人不良信息的保存期限,自不良行为或者事件终止之日起为5年;超过5年的,应当予以删除。

在不良信息保存期限内,信息主体可以对不良信息作出说明,征信机构应当予以记载。

第六节 债权转让

46 商业银行可以将债权转给非金融机构吗?

《民法典》第五百四十五条规定,债权人可以将债权的全部或者部分转让给第三人,但是有下列情形之一的除外:

(一)根据债权性质不得转让;

(二)按照当事人约定不得转让;

（三）依照法律规定不得转让。

具体到商业银行转让债权给非金融机构，有两种不同的观点：

一种观点是商业银行不得将其债权转让给非金融企业。支持该观点的学说一般认为金融业是一种特许行业，《中国人民银行办公厅关于商业银行借款合同项下债权转让有关问题的批复》（银办函〔2001〕648号）就明确规定了"根据《民法典》第五百四十五条关于合同债权转让的规定，商业银行贷款合同项下的债权及其他权利一般原则上是可以转让的，但由于金融业是一种特许行业，金融债权的转让在受让对象上存在一定的限制。按照我国现行法律法规的规定，放贷收息（含罚息）是经营贷款业务的金融机构的一项特许权利。因此，由贷款而形成的债权及其他权利只能在具有贷款业务资格的金融机构之间转让。未经许可，商业银行不得将其债权转让给非金融企业。"

另一种观点则认为，商业银行可以向非金融机构转让债权，《中国银行业监督管理委员会关于商业银行向社会投资者转让贷款债权法律效力有关问题的批复》（银监办发〔2009〕24号）中也对商业银行债权转让的问题进行了批复，主要包括如下内容："一、对商业银行向社会投资者转让贷款债权没有禁止性规定，转让合同具有法律上的效力。社会投资者是指金融机构以外的自然人、法人或者其他组织。二、转让具体的贷款债权，属于债权人将合同的权利转让给第三人，并非向社会不特定对象发放贷款的经营性活动，不涉及从事贷款业务的资格问题，受让主体无须具备从事贷款业务的资格。三、商业银行向社会投资者转让贷款债权，应当建立风险管理制度、内部控制制度等相应的制度和内部批准程序。四、商业银行向社会投资者转让贷款债权，应当采取拍卖等公开形式，以形成公允的价格，接受社会监督。五、商业银行向社会投资者转让贷款债权，应当向银监会或其派出机构报告,接受监管部门的监督检查。"

笔者认同第二种观点,司法实践中对银监办发〔2009〕24号的内容也予以认同,综上,银行贷款债权属于可转让债权,双方当事人若无其他约定,可转让给金融机构以外的自然人,法人或者其他组织。

47 非金融机构受让债权后能否主张罚息和复利?

《民法典》第五百四十七条规定,债权人转让债权的,受让人取得与债权有关的从权利,但是该从权利专属于债权人自身的除外。

因此,对于非金融机构受让债权后能否主张贷款利率、罚息或复利,取决于收取贷款利息、罚息、复利的权利是否专属于金融机构。

各地法院在该问题的法律适用上存在不一致的情形,有的法院认为,非金融机构的不良债权受让人无权向债务人计收复息。

而有的法院认为,对于贷款期限内未付的利息计收复息,实质是借款人对未能支付正常利息所承担的违约赔偿责任,对于该部分利息计收复息,符合法律规定,而贷款期限届满后,因贷款合同已经约定按照罚息利率计收逾期利率,逾期利率高于合同约定的贷款利率,具有惩罚性质,已经体现了借款人对逾期归还借款本金所承担的违约责任。

因此,对罚息再计收复息,有违公平原则。

48 债权转让后,未办理抵押权变更登记,债权受让人是否享有抵押权?

《民法典》第四百零七条规定,抵押权不得与债权分离而单独转让或者作为其他债权的担保。债权转让的,担保该债权的抵押权一并转让,但是法律另有规定或者当事人另有约定的除外。

本条系关于抵押权处分从属性的规定,抵押权作为从权利应随债权转让而转让。债权受让人取得的抵押权系基于法律的明确规定,并非基于新的抵押合同重新设定抵押权,故不因受让人未及时办理抵押权变更登记手续而消灭。因此债权受让人受让债权转让人对债务人享有的债权,依据法律规定有权受让与涉债权相关的抵押权。

第七节 存量浮动利率贷款

49 什么是存量浮动利率贷款?

中国人民银行公告〔2019〕第30号所称存量浮动利率贷款是指2020年1月1日前金融机构已发放的和已签订合同但未发放的参考贷款基准利率定价的浮动利率贷款(不包括公积金个人住房贷款)。自2020年1月1日起,各金融机构不得签订参考贷款基准利率定价的浮动利率贷款合同。

50 存量浮动利率贷款定价基准转换的原则是什么?

一是借款人可与银行协商确定将定价基准转换为LPR,或转换为固定利率,借款人只有一次选择权,转换之后不能再次转换。已处于最后一个重定价周期的存量浮动利率贷款可不转换。二是转换工作自2020年3月1日开始,原则上应于2020年8月31日前完成。三是转换后的贷款利率水平由双方协商确定,其中,为贯彻落实房地产市场的调控要求，存量商业性个人住房贷款在转换时点的利率水平应保持不变。

⑤1 存量浮动利率贷款定价基准转换的规则是什么？

自 2020 年 3 月 1 日起，金融机构应与存量浮动利率贷款客户就定价基准转换条款进行协商，将原合同约定的利率定价方式转换为以 LPR 为定价基准加点形成（加点可为负值），加点数值在合同剩余期限内固定不变，也可转换为固定利率。

存量浮动利率贷款定价基准转换为 LPR，除商业性个人住房贷款外，加点数值由借贷双方协商确定。商业性个人住房贷款的加点数值应等于原合同最近的执行利率水平与 2019 年 12 月发布的相应期限 LPR 的差值。从转换时点至此后的第一个重定价日（不含），执行的利率水平应等于原合同最近的执行利率水平，即 2019 年 12 月相应期限 LPR 与该加点数值之和。之后，自第一个重定价日起，在每个利率重定价日，利率水平由最近一个月相应期限 LPR 与该加点数值重新计算确定。

金融机构与客户协商定价基准转换条款时，可重新约定重定价周期和重定价日，其中商业性个人住房贷款重新约定的重定价周期最短为一年。

如存量浮动利率贷款转换为固定利率，转换后的利率水平由借贷双方协商确定，其中商业性个人住房贷款转换后利率水平应等于原合同最近的执行利率水平。

52 除商业性个人住房贷款的其他存量贷款定价基准如何转换？

除商业性个人住房贷款的其他存量浮动利率贷款，包括但不限于企业贷款、个人消费贷款等，可由借贷双方按市场化原则协商确定具体转换条款，包括参考LPR的期限品种、加点数值、重定价周期、重定价日等，或转为固定利率。

第八节 借新还旧

53 如何理解借新还旧？

借新还旧系贷款到期不能按时收回，金融机构又向原贷款人发放贷款用于归还原贷款的行为。借新还旧与贷款人用自有资金归还贷款，从而消灭原债权债务的行为有着本质的区别。虽然新贷代替了旧贷，但贷款人与借款人之间的债权债务关系并未消除，客观上只是以新贷的形式延长了旧贷的还款期限，故借新还旧的贷款本质上是旧贷的一种特殊形式的展期。

54 对于借新还旧，担保人是否承担责任？

《最高人民法院关于适用〈中华人民共和国民法典〉有关担保制度的解释》第十六条规定，主合同当事人协议以新贷偿还旧贷，债权人请求旧贷的担保人承担担保责任的，人民法院不予支持；债权人请求

新贷的担保人承担担保责任的,按照下列情形处理:

(一)新贷与旧贷的担保人相同的,人民法院应予支持;

(二)新贷与旧贷的担保人不同,或者旧贷无担保新贷有担保的,人民法院不予支持,但是债权人有证据证明新贷的担保人提供担保时对以新贷偿还旧贷的事实知道或者应当知道的除外。

主合同当事人协议以新贷偿还旧贷,旧贷的物的担保人在登记尚未注销的情形下同意继续为新贷提供担保,在订立新的贷款合同前又以该担保财产为其他债权人设立担保物权,其他债权人主张其担保物权顺位优先于新贷债权人的,人民法院不予支持。

第九节 合同效力

55 以担保贷款为付款方式的商品房买卖合同被认定无效,尚未还清的银行贷款如何处理?

《最高人民法院关于审理商品房买卖合同纠纷案件适用法律若干问题的解释》第二十条规定,因商品房买卖合同被确认无效或者被撤销、解除,致使商品房担保贷款合同的目的无法实现,当事人请求解除商品房担保贷款合同的,应予支持。

《最高人民法院关于审理商品房买卖合同纠纷案件适用法律若干问题的解释》第二十一条规定,以担保贷款为付款方式的商品房买卖合同的当事人一方请求确认商品房买卖合同无效或者撤销、解除合同的,如果担保权人作为有独立请求权第三人提出诉讼请求,应当与商品房担保贷款合同纠纷合并审理;未提出诉讼请求的,仅处理商品房买卖合同纠纷。担保权人就商品房担保贷款合同纠纷另行起诉的，可以与商品房买卖合同纠纷合并审理。

商品房买卖合同被确认无效或者被撤销、解除后，商品房担保贷款合同也被解除的、出卖人应当将收受的购房贷款和购房款的本金及利息分别返还担保权人和买受人。

综合上述解释及意见，以担保贷款为付款方式的商品房买卖合同被认定无效的，担保贷款合同并非当然无效，当事人可选择解除或撤销担保贷款合同，合同被解除和撤销后，商品房的出卖人和买受人应共同对银行贷款承担连带清偿责任。

56 如何识别《民法典》第一百四十三条第三项规定的"强制性规定"？

"强制性规定"是指效力性强制性规定。

《民法典》第一百五十三条规定，违反法律、行政法规的强制性规定的民事法律行为无效。但是，该强制性规定不导致该民事法律行为无效的除外。

违背公序良俗的民事法律行为无效。

《全国法院民商事审判工作会议纪要》第三十条规定，合同法施行后，针对一些人民法院动辄以违反法律、行政法规的强制性规定为由认定合同无效，不当扩大无效合同范围的情形，合同法司法解释（二）第14条将《合同法》第52条第5项规定的"强制性规定"明确限于"效力性强制性规定"。此后，《最高人民法院关于当前形势下审理民商事合同纠纷案件若干问题的指导意见》进一步提出了"管理性强制性规定"的概念，指出违反管理性强制性规定的，人民法院应当根据具体情形认定合同效力。随着这一概念的提出，审判实践中又出现了另一种倾向，有的人民法院认为凡是行政管理性质的强制性规定都属于"管理性强制性规定"，不影响合同效力。这种望文生义的认定方法，应予纠正。

人民法院在审理合同纠纷案件时，要依据《民法总则》第153条第1款和合同法司法解释（二）第14条的规定慎重判断"强制性规定"的性质，特别是要在考量强制性规定所保护的法益类型、违法行为的法律后果以及交易安全保护等因素的基础上认定其性质，并在裁判文书中充分说明理由。下列强制性规定，应当认定为"效力性强制性规定"：强制性规定涉及金融安全、市场秩序、国家宏观政策等公序良俗的；交易标的禁止买卖的，如禁止人体器官、毒品、枪支等买卖；违反特许经营规定的，如场外配资合同；交易方式严重违法的，如违反招投标等竞争性缔约方式订立的合同；交易场所违法的，如在批准的交易场所之外进行期货交易。关于经营范围、交易时间、交易数量等行政管理性质的强制性规定，一般应当认定为"管理性强制性规定"。

57 违反规章会影响合同效力吗？

《全国法院民商事审判工作会议纪要》第三十一条规定，违反规章一般情况下不影响合同效力，但该规章的内容涉及金融安全、市场秩序、国家宏观政策等公序良俗的，应当认定合同无效。人民法院在认定规章是否涉及公序良俗时，要在考察规范对象基础上，兼顾监管强度、交易安全保护以及社会影响等方面进行慎重考量，并在裁判文书中进行充分说理。

第二章 金融机构借款合同纠纷问题

【案例 2-1】信用卡透支贷款的借款合同。

▶ **案情介绍** 2014年9月6日,某银行分行与重庆市某商贸公司约定,由该商贸公司向该银行分行推荐购车借款人办理购车贷款,并由该商贸公司向该银行分行出具了《担保承诺函》,承担连带保证责任及相关事宜。此后,该商贸公司推荐池某向该银行支行办理了《信用卡购车专项分期付款合同》《信用卡购车专项分期付款抵押合同》。池某取得信用卡透支贷款38万元,购置了沃尔沃牌轿车,车牌号为渝HMXXXX。该银行分行对登记在被告池某名下的渝HMXXXX号车设定了抵押。购置汽车后,池某只付了部分款项,后未按照合同约定还款。经该银行分行与该商贸公司多次催收,被告池某拒不还款。根据双方合同的约定,鉴于池某多次违约,该银行分行以池某和该商贸公司作为共同被告诉至法庭,要求池某全部清偿贷款本息及按《某银行信用卡章程》《xx信用卡领用合约》的规定计算相关费用,该商贸公司承担连带责任;同时诉请法院判令该银行分行对本案抵押物即抵押车辆在债权范围内享有优先受偿权。

▶ **律师指引** 根据《民法典》第五百七十七条规定:当事人一方不履行合同义务或者履行合同义务不符合约定的,应当承担继续履行、采取补救措施或者赔偿损失等违约责任。第六百七十六条规定:借款人未按照约定的期限返还借款的,应当按照约定或者国家有关规定支付逾期利息。在本案中,《xx信用卡领用合约》中约定了预期利息日利率为万分之五。违约方应赔偿贷款本金、分期手续费、滞纳金、透支利息以及违约金。另外根据《民法典》第三百九十四条的规定,债权人某银行分行有权对本案的抵押物即抵押车辆在债权范围内享有优

41

先受偿权。根据《民法典》第六百八十八条的规定，该商务贸易公司承担连带责任。

信用卡欠款会影响使用人的个人征信问题，严重的话对日后的信用卡申请、贷款都会有严重影响。因此信用卡贷款人应当重视个人信用，定期还款。

⊙ **法律应用《民法典》**

第五百七十七条 当事人一方不履行合同义务或者履行合同义务不符合约定的，应当承担继续履行、采取补救措施或者赔偿损失等违约责任。

第六百七十六条 借款人未按照约定的期限返还借款的，应当按照约定或者国家有关规定支付逾期利息。

第六百八十八条 当事人在保证合同中约定保证人和债务人对债务承担连带责任的，为连带责任保证。

连带责任保证的债务人不履行到期债务或者发生当事人约定的情形时，债权人可以请求债务人履行债务，也可以请求保证人在其保证范围内承担保证责任。

第三百九十四条 为担保债务的履行，债务人或者第三人不转移财产的占有，将该财产抵押给债权人的，债务人不履行到期债务或者发生当事人约定的实现抵押权的情形，债权人有权就该财产优先受偿。

【案例2-2】借名借款应当由谁来承担偿还责任？

⊙ **案情介绍** 2012年10月19日，甲公司与秦某签订借款合同，约定甲公司向秦某发放贷款500万元用于经营周转，借款月利率为

第二章 金融机构借款合同纠纷问题

18.666‰，利息计算至贷款人实际收到全部借款本金时为止。同日，甲公司分别与乙公司、丙公司签订保证合同各一份，约定为了确保秦某与债权人签订的借款合同的切实履行，保证人愿意为债务人依主合同与债务人所形成的债务承担连带保证责任。同日，黄某向甲公司出具承诺函一份，自愿承诺以个人和家庭所有财产对主债权向甲公司提供连带责任担保。10月22日，甲公司向秦某发放贷款500万元。借款到期后，秦某未归还借款本金。黄某支付利息至2013年2月20日，该笔借款自2013年2月21日起欠息。甲公司诉至法院，请求判令秦某归还借款本金500万元及利息、律师费，并由乙公司、丙公司、黄某对上述债务承担连带偿还责任。

秦某抗辩认为，案涉借款实际用款人为黄某，因黄某非该区居民，不符合甲公司放贷范围，故借用秦某的身份借款。案涉借款利息均由黄某账户汇入还款账户归还，故自己并不应当承担还款责任。

➡律师指引 近年来，商业银行、小贷公司等信贷机构"借名贷款"纠纷频发，借名贷款具有欺骗性、虚假性、隐蔽性等特点，容易造成贷前调查、贷中审查、贷后管理等程序虚置，给信贷机构的贷款安全带来了极大的隐患。

在本案中，秦某与甲公司签订借款合同，甲公司将贷款发放至秦某账户，由此甲公司已经完成出借款项的义务，因此应认定合同相对方为秦某。虽然秦某抗辩认为其是出借名义为黄某借款，但其签订借款合同系其自愿，甲公司发放的借款也是汇入秦某账户后由秦某本人转给黄某，秦某能够对该借款进行支配，从意志支配上也能够自主决定其行为，故其应对上述行为的法律后果承担相应的法律责任。

因此在实践中对于名义借款人来说，应充分考虑借名会给自己带来的风险和损失,例如逾期还款导致的不良信用记录等,需要谨慎行事。

⊙法律应用 《最高人民法院关于适用〈中华人民共和国民法典〉时间效力的若干规定》

第一条 民法典施行后的法律事实引起的民事纠纷案件,适用民法典的规定。

民法典施行前的法律事实引起的民事纠纷案件,适用当时的法律、司法解释的规定,但是法律、司法解释另有规定的除外。

民法典施行前的法律事实持续至民法典施行后,该法律事实引起的民事纠纷案件,适用民法典的规定,但是法律、司法解释另有规定的除外。

《民法典》

第五百零九条第一款 当事人应当按照约定全面履行自己的义务。

第五百七十七条 当事人一方不履行合同义务或者履行合同义务不符合约定的,应当承担继续履行、采取补救措施或者赔偿损失等违约责任。

第六百七十四条 借款人应当按照约定的期限支付利息。对支付利息的期限没有约定或者约定不明确,依据本法第五百一十条的规定仍不能确定,借款期间不满一年的,应当在返还借款时一并支付;借款期间一年以上的,应当在每届满一年时支付,剩余期间不满一年的,应当在返还借款时一并支付。

第六百七十五条 借款人应当按照约定的期限返还借款。对借款期限没有约定或者约定不明确,依据本法第五百一十条的规定仍不能确定的,借款人可以随时返还;贷款人可以催告借款人在合理期限内返还。

第二章　金融机构借款合同纠纷问题

第六百八十八条　当事人在保证合同中约定保证人和债务人对债务承担连带责任的,为连带责任保证。

连带责任保证的债务人不履行到期债务或者发生当事人约定的情形时,债权人可以请求债务人履行债务,也可以请求保证人在其保证范围内承担保证责任。

第六百九十一条　保证的范围包括主债权及其利息、违约金、损害赔偿金和实现债权的费用。当事人另有约定的,按照其约定。

第七百条　保证人承担保证责任后,除当事人另有约定外,有权在其承担保证责任的范围内向债务人追偿,享有债权人对债务人的权利,但是不得损害债权人的利益。

【案例2-3】委托贷款纠纷中,受托银行能否以借款合同纠纷起诉?

⊙案情介绍　2014年5月20日,某钢铁公司(委托人)与某银行鹰潭分行(受托人)、某商贸公司(借款人)签订了《一般委托贷款借款合同》,合同编号为2014年鹰委借字第3号。合同约定此项委托贷款币种为人民币,金额为贰亿元。此项贷款为委托贷款。2014年5月21日,某银行鹰潭分行向某商贸公司发放了委托贷款人民币贰亿元整。

2014年10月24日,某证券公司(委托人)与某银行鹰潭分行(受托人)、某商贸公司(借款人)签订了《一般委托贷款借款合同》,合同编号为2014年鹰委贷字第004号。合同约定此项委托贷款币种为人民币,金额为叁亿元。此项贷款为委托贷款。2014年10月29日,某银行鹰潭分行向某商贸公司发放了委托贷款人民币叁亿元。后该商贸公司未按时还款,银行诉至法院。在本案中,受托人银行是否为适格原告引起争议。

> **律师指引** 案涉两份委托贷款借款合同分别是钢铁公司、银行、商贸公司所签合同以及证券公司、银行、商贸公司所签合同,两份合同均基于各方当事人委托贷款合同关系订立,是各方真实意思表示,内容不违反法律、行政法规禁止性规定,依法应认定为有效。该两份合同均约定,如借款人违约,受托人有权按委托人书面指令停止发放贷款,提前收回贷款或直接从借款人账户中扣收贷款本息,即案涉借款合同约定委托人可授权受托人对借款人催收并追索相关债权。

本案中,证券公司、钢铁公司均分别向银行出具了相关函件,明确委托银行以自身名义提起诉讼。依最高人民法院《关于如何确定委托贷款协议纠纷诉讼主体资格的批复》(法复〔1996〕6号)规定,"在履行委托贷款协议过程中,由于借款人不按期归还贷款而发生纠纷的,贷款人(受托人)可以借款合同纠纷为由向人民法院提起诉讼",银行在本案以原告身份提起诉讼,符合规定。

> **法律应用** 《民法典》

第五百零九条第一款 当事人应当按照约定全面履行自己的义务。

第五百七十七条 当事人一方不履行合同义务或者履行合同义务不符合约定的,应当承担继续履行、采取补救措施或者赔偿损失等违约责任。

第六百七十四条 借款人应当按照约定的期限支付利息。对支付利息的期限没有约定或者约定不明确,依据本法第五百一十条的规定仍不能确定,借款期间不满一年的,应当在返还借款时一并支付;借款期间一年以上的,应当在每届满一年时支付,剩余期间不满一年的,应当在返还借款时一并支付。

第六百七十五条 借款人应当按照约定的期限返还借款。对借款期限没有约定或者约定不明确，依据本法第五百一十条的规定仍不能确定的，借款人可以随时返还；贷款人可以催告借款人在合理期限内返还。

【案例 2-4】农村合作金融机构社团贷款问题。

●案情介绍 甲公司是一家从事棉浆粕生产、加工的企业。2012年，该公司因收购棉短绒缺乏流动资金，于2012年3月26日和2012年11月5日两次向某农信社提出借款申请。某农信社于2012年5月18日、2012年6月19日、2012年11月28日与甲公司分别签订借款合同，以社团贷款的方式向甲公司发放贷款累计金额共7850万元，甲公司以其房屋（包括车间、库房、办公室），土地使用权，机器设备等为上述借款提供抵押担保，许某为上述借款提供连带责任保证担保，乙公司为2012年11月28日签订的借款合同提供1000万元保证担保。上述借款合同签订后，某农信社按约发放了贷款。某农信社与其他13个合作联社于2014年4月20日做出的《社团会议决议》证明：1.全体成员社共同授权牵头某农信社根据2012年5月18日、2012年6月19日、2012年11月28日签订的《农村信用合作社社团借款合同书》约定行使贷款人的权利；2.某农信社根据全体成员社授权，作为本社团贷款合同的诉讼原告，自主决定对借款人甲公司提起诉讼，其行为对全体成员社具有法律约束力。某农信社行使贷款人权利具有合法性，其行为对全体成员社具有法律约束力。甲公司未能按合同约定足额支付利息，贷款到期后也未全部归还借款本息。截至2014年6月21日，甲公司拖欠已到期贷款本金76725627.88元、借款利息及罚息

9121669.73元，合计85847297.61元。许某、乙公司未能按合同约定履行代偿责任，某农信社遂将甲公司、许某、乙公司诉至法院。

◉**律师指引**　由中国人民银行于1996年6月28日发布，于1996年8月1日施行的《贷款通则》允许中资金融机构从事银团贷款业务。中国银行业监督管理委员会于2006年5月29日印发并于同日执行的《农村合作金融机构社团贷款指引》第二条规定，"本指引所称的社团贷款，是指由两家及两家以上具有法人资格、经营贷款业务的农村合作金融机构，采用同一贷款合同，共同向同一借款人发放的贷款"，第五十一条规定，"本指引所农村合作金融机构指农村信用社、联社、农村合作银行、农村商业银行。本指引所称社是指组成社团的内部成员单位。"因此，案涉借款合同属于农村合作金融机构社团贷款。

我国允许农村合作金融机构开展社团贷款业务。某农信社系依法经营金融业务的企业法人，其作为牵头社与借款人甲公司分别于2012年5月18日、2012年6月19日和2012年11月28日签订的三份金额为7850万元的合同《农村信用合作社社团借款合同书》属于金融借款合同，是合同当事人真实意思表示，内容未违反法律、行政法规的强制性规定，应认定为合法有效。各方当事人应当诚信守信按约全面履行各自的义务。某农信社及成员社依约履行了提供贷款的义务，而甲公司未按合同全面约定履行返还本金和支付利息的义务，甲公司应对尚欠牵头社某农信社及其他成员社借款本金及所欠付利息、罚息承担偿还责任。

◉**法律应用《民法典》**

第五百零九条第一款　当事人应当按照约定全面履行自己的义务。

第二章　金融机构借款合同纠纷问题

第五百七十七条　当事人一方不履行合同义务或者履行合同义务不符合约定的，应当承担继续履行、采取补救措施或者赔偿损失等违约责任。

第六百七十四条　借款人应当按照约定的期限支付利息。对支付利息的期限没有约定或者约定不明确，依据本法第五百一十条的规定仍不能确定，借款期间不满一年的，应当在返还借款时一并支付；借款期间一年以上的，应当在每届满一年时支付，剩余期间不满一年的，应当在返还借款时一并支付。

第六百七十五条　借款人应当按照约定的期限返还借款。对借款期限没有约定或者约定不明确，依据本法第五百一十条的规定仍不能确定的，借款人可以随时返还；贷款人可以催告借款人在合理期限内返还。

第六百八十八条　当事人在保证合同中约定保证人和债务人对债务承担连带责任的，为连带责任保证。

连带责任保证的债务人不履行到期债务或者发生当事人约定的情形时，债权人可以请求债务人履行债务，也可以请求保证人在其保证范围内承担保证责任。

第六百九十一条　保证的范围包括主债权及其利息、违约金、损害赔偿金和实现债权的费用。当事人另有约定的，按照其约定。

第七百条　保证人承担保证责任后，除当事人另有约定外，有权在其承担保证责任的范围内向债务人追偿，享有债权人对债务人的权利，但是不得损害债权人的利益。

【案例2-5】计算金融机构借款合同中逾期利息时应如何考量？

➡ **案情介绍**　2014年10月21日，王某向丙银行提交无担保个人贷款申请表，欲贷款20万元购买耐用消费品及旅游，申请贷款期限60个月。同日，王某在《丙银行（中国）有限公司无担保个人贷款合同条款及规章》及《丙银行"现代派"无担保个人贷款客户告知书（银行留存联）》上签字。《丙银行（中国）有限公司无担保个人贷款合同条款及规章》第4.3.1条约定，借款人没有按约清偿到期应付贷款本金、利息，该等逾期款项自到期应付之日起至全部清偿之日止按原贷款利率的130%计收逾期罚息（即利率上浮30%）。2014年10月27日，丙银行向王某发送个人贷款核准通知书，载明贷款总额为124,000元，贷款期限为60个月，贷款月利率为1.65%，还款方式为按月等额本息还款，贷款已于同日发放至被告指定账户。截至2016年11月20日，被告尚欠原告本金110,794.28元、利息24,337.21元、按照合同约定利率上浮30%计算的逾期利息7,333.08元、催收费585元。丙银行诉至法院，要求王某按照合同约定偿还本金、利息、预期利息及催收费。

⬤ **律师指引** 在本案当中，王某向丙银行提交申请贷款，系王某的真实意思表示，双方签订的合同相关条款对双方具有约束力。丙银行已按约向被告发放相应的贷款，但王某未按约承担相应的还款义务，应承担相应的违约责任。原告丙银行有权根据合同约定主张贷款于2016年11月20日提前到期，要求王某依照双方约定归还贷款本金并支付相应的利息、逾期利息、催收费，于法不悖。

但是对于逾期利息的计算标准，原告丙银行主张依据合同约定月利率1.65%上浮30%计算，对此，法院认为，根据《最高人民法院关于人民法院审理借贷案件的若干意见》第六条的规定，民间借贷的利率可以适当高于银行的利率，但最高不得超过银行同类贷款利率的四倍（包含利率本数）；超出此限度的，超出部分的利息不予保护。《最

第二章 金融机构借款合同纠纷问题

高人民法院关于审理民间借贷案件适用法律若干问题的规定（2020第二次修正）》第二十五条、第二十九条对民间借贷的借款利率、逾期利率做出限定，约定年利率超出合同成立时一年期贷款市场报价利率四倍的，人民法院不予支持。虽然金融机构发放贷款并不适用上述规定，然而，相较于民间借贷，金融机构的贷款利率应受到更为严格的限制。

首先，虽然中国人民银行已全面放开金融机构贷款利率管制，并不规定金融机构贷款利率的上下限，交由金融机构自主确定，但此举旨在推进利率市场化改革，通过市场竞争提高金融机构的经营能力和服务水平，促进金融资源的优化配置。也即放开金融机构贷款利率上限的目的绝非放任金融机构牟取高利。其次，法律之所以介入民事主体之间的合同约定，限制民间借贷的利率，一方面是出于资金优化配置的考量，防止资金脱离实体经济，另一方面则是为了限制高利行为，防范社会危机。通常意义上，借款年利率24%以上即为高利。金融机构与从事民间借贷行为的自然人、法人和其他组织同为平等的民事主体，其从事借款等民事活动应当遵循公平原则，不得损害社会公共利益、扰乱社会经济秩序。最后，金融机构贷款风险低于民间借贷风险，从资金来源上看，金融机构是法律认可的吸收公众存款的机构，其用于贷款的资金来源较为稳定；从风险管控上看，金融机构除了收取高额利息，尚有其他措施保障借款人履行还款义务，例如事前严格审查借款人资质，事后将违约信息上报至征信系统等。贷款利率的定价与其风险密切相关，就此而言，金融机构的贷款收益不应高于民间借贷的收益。

综上所述，法院认为，丙银行与被告王某关于逾期利率的约定过高，应相应下调，可调整为按本案借款月利率1.65%上浮18%计算。

○**法律应用** 《最高人民法院关于审理民间借贷案件适用法律若干问题的规定（2020第二次修正）》

第二十五条第一款：出借人请求借款人按照合同约定利率支付利息的，人民法院应予支持，但是双方约定的利率超过合同成立时一年期贷款市场报价利率四倍的除外。

第二十九条：出借人与借款人既约定了逾期利率，又约定了违约金或者其他费用，出借人可以选择主张逾期利息、违约金或者其他费用，也可以一并主张，但是总计超过合同成立时一年期贷款市场报价利率四倍的部分，人民法院不予支持。

第三十一条：2020年8月20日之后新受理的一审民间借贷案件，借贷合同成立于2020年8月20日之前，当事人请求适用当时的司法解释计算自合同成立到2020年8月19日的利息部分的，人民法院应予支持；对于自2020年8月20日到借款返还之日的利息部分，适用起诉时本规定的利率保护标准计算。

【案例2-6】金融借贷中的最高额保证合同问题（1）。

○**案情介绍** 2010年9月10日，某银行与甲电子公司、崔某分别签订了编号为高保字01003号、01004号的最高额保证合同，约定甲电子公司、崔某自愿为乙电器公司在2010年9月10日至2011年10月18日期间发生的余额不超过1,100万元的债务本金及利息、罚息等提供连带责任保证担保。

2011年10月12日，某银行与崔某、丙塑模公司分别签署了编号为高保字00808号、00809号的最高额保证合同，崔某、丙塑模公司自愿为乙电器公司在2010年9月10日至2011年10月18日期间发生的余额不超过550万元的债务本金及利息、罚息等提供连带责任保证担保。

2011年10月14日,某银行与乙电器公司签署了编号为企贷字00542号的借款合同,约定某银行向乙电器公司发放贷款500万元,到期日为2012年10月13日,并列明担保合同编号分别为高保字00808号、00809号。贷款发放后,乙电器公司不能按期归还部分贷款,截至2013年4月24日,乙电器公司尚欠借款本金250万元、利息141509.01元。故该银行诉请判令被告乙电器公司归还原告借款本金250万元,支付利息、罚息和律师费用;崔某、丙塑模公司、甲电子公司对上述债务承担连带保证责任。

⇒**律师指引** 本案的争议焦点为,甲电子公司签订高保字01003号最高额保证合同未被选择列入企贷字00542号借款合同所约定的担保合同范围,甲电子公司是否应当对企贷字00542号借款合同项下债务承担保证责任。对此,法院经审理认为,甲电子公司应当承担保证责任。

第一,民事权利的放弃必须采取明示的意思表示才能发生法律效力,默示的意思表示只有在法律有明确规定及当事人有特别约定的情况下才能发生法律效力,不宜在无明确约定或者法律无特别规定的情况下,推定当事人对权利进行放弃。具体到本案,某银行与乙电器公司签订的企贷字00542号借款合同虽未将甲电子公司签订的最高额保证合同列入,但原告未以明示方式放弃甲电子公司提供的最高额保证,故甲电子公司仍是该诉争借款合同的最高额保证人。第二,本案诉争借款合同签订时间及贷款发放时间均在甲电子公司签订的高保字01003号最高额保证合同约定的决算期内(2010年9月10日至2011

年10月18日），某银行向甲电子公司主张权利并未超过合同约定的保证期间，故甲电子公司应依约在其承诺的最高债权限额内为乙电器公司对该银行的欠债承担连带保证责任。第三，最高额担保合同是债权人和担保人之间约定担保法律关系和相关权利义务关系的直接合同依据，不能以主合同内容取代从合同的内容。具体到本案，该银行与甲电子公司签订了最高额保证合同，双方的担保权利义务应以该合同为准，不受该银行与乙电器公司之间签订的该银行非自然人借款合同约束或变更的影响。第四，甲电子公司曾归还过本案借款利息，上述行为也是甲电子公司对本案借款履行保证责任的行为表征。综上，甲电子公司应对乙电器公司的上述债务承担连带清偿责任，其承担保证责任后，有权向乙电器公司追偿。

● 法律应用 《民法典》

第四百二十条　为担保债务的履行，债务人或者第三人对一定期间内将要连续发生的债权提供担保财产的，债务人不履行到期债务或者发生当事人约定的实现抵押权的情形，抵押权人有权在最高债权额限度内就该担保财产优先受偿。

最高额抵押权设立前已经存在的债权，经当事人同意，可以转入最高额抵押担保的债权范围。

第六百九十条　保证人与债权人可以协商订立最高额保证的合同，约定在最高债权额限度内就一定期间连续发生的债权提供保证。

最高额保证除适用本章规定外，参照适用本法第二编最高额抵押权的有关规定。

【案例 2-7】金融借贷中的最高额保证合同问题（2）。

🔾**案情介绍** 2012 年 4 月 20 日，某银行宣城龙首支行与甲有限公司签订《小企业借款合同》，约定甲公司向某银行宣城龙首支行借款 300 万元，借款期限为 7 个月，自实际提款日起算，2012 年 11 月 1 日还 100 万元，2012 年 11 月 17 日还款 200 万元。案涉合同还对借款利率、保证金等做了约定。同年 4 月 24 日，某银行宣城龙首支行向甲公司发放了上述借款。

2012 年 10 月 16 日，江苏某置业有限公司股东会决议决定，同意将该公司位于江苏省宿迁市的某国际家居广场房产，抵押与某银行宣城龙首支行，用于公司商户甲公司、乙公司、丙公司、丁公司四户企业在某银行宣城龙首支行办理融资抵押，因此产生的一切经济纠纷均由该置业有限公司承担。

2012 年 10 月 24 日，某银行宣城龙首支行与该置业公司签订了《最高额抵押合同》，约定该置业公司以宿房权证宿豫字第 20110XXXX 号房地产权证项下的商铺自 2012 年 10 月 19 日至 2015 年 10 月 19 日期间，在 4000 万元的最高余额内，某银行宣城龙首支行依据与甲公司、乙公司、丙公司、丁公司签订的借款合同等主合同而享有对债务人的债权，无论该债权在上述期间届满时是否已到期，也无论该债权是否在最高额抵押权设立之前已经产生，提供抵押担保，担保的范围包括主债权本金、利息、实现债权的费用等。同日，双方对该抵押房产依法办理了抵押登记，某银行宣城龙首支行取得宿房他证宿豫第 20120XXXX 号房地产他项权证。2012 年 11 月 3 日，该公司再次经过股东会决议，并同时向某银行宣城龙首支行出具房产抵押承诺函，股东会决议与承诺函的内容及签名盖章均与前述相同。当日，该置业公司与某银行宣城龙首支行签订《补充协议》，明确双方签订的《最高额抵押合同》担保范围包括2012年4月20日某银行宣城龙首支行与甲公司、乙公司、丙公司和丁公司签订的四份贷款合同项下的债权。

之后，甲公司未按期偿还案涉借款，某银行宣城龙首支行诉至法院，请求判令甲公司偿还借款本息及实现债权的费用，并要求该置业公司以其抵押的宿房权证宿豫字第2011047XXXX号房地产权证项下的房地产承担抵押担保责任。

⇨律师指引 在本案中，该公司与某银行宣城龙首支行于2012年10月24日签订《最高额抵押合同》，约定该置业公司自愿以其名下的房产作为抵押物，自2012年10月19日至2015年10月19日期间，在4000万元的最高余额内，为甲公司在某银行宣城龙首支行所借贷款本息提供最高额抵押担保，并办理了抵押登记，某银行宣城龙首支行依法取得案涉房产的抵押权。2012年11月3日，该置业公司与某银行宣城龙首支行又签订《补充协议》，约定前述最高额抵押合同中述及抵押担保的主债权及于2012年4月20日某银行宣城龙首支行与柏冠公司所签《小企业借款合同》项下的债权。该《补充协议》不仅有双方当事人的签字盖章，也与该置业公司的股东会决议及其出具的房产抵押担保承诺函相印证，故该《补充协议》应系该置业公司的真实意思表示，且所约定内容符合《民法典》第四百二十条第一款的规定，也不违反法律、行政法规的强制性规定，依法成立并有效，其作为原最高额抵押合同的组成部分，与原最高额抵押合同具有同等法律效力。由此，本案所涉2012年4月20日《小企业借款合同》项下的债权已转入前述最高额抵押权所担保的最高额为4000万元的主债权范围内。就该《补充协议》约定事项，是否需要对前述最高额抵押权办理相应的变更登记手续,《民法典》没有明确规定,应当结合最高额抵押权的特点及相关法律规定来判定。

根据《民法典》第四百二十条第一款的规定,最高额抵押权有两个显著特点:一是最高额抵押权所担保的债权额有一个确定的最高额度限制,但实际发生的债权额是不确定的;二是最高额抵押权是对一定期间内将要连续发生的债权提供担保。由此,最高额抵押权设立时所担保的具体债权一般尚未确定,基于尊重当事人意思自治原则,《民法典》第四百二十条第二款对前款做了规定,即允许经当事人同意,将最高额抵押权设立前已经存在的债权转入最高额抵押担保的债权范围,但此并非重新设立最高额抵押权,也非《民法典》第四百二十二条规定的最高额抵押权变更的内容。

本案中,某银行宣城龙首支行和该置业公司仅是通过另行达成补充协议的方式,将上述最高额抵押权设立前已经存在的债权转入该最高额抵押权所担保的债权范围内,转入的案涉债权数额仍在该最高额抵押担保的4000万元最高债权额限度内,该转入的确定债权并非最高抵押权设立登记的他项权利证书及房屋登记簿的必要记载事项,在不会对其他抵押权人产生不利影响的前提下,对于该意思自治行为,应当予以尊重。此外,根据商事交易规则,法无禁止即可为,即在法律规定不明确时,不应强加给市场交易主体准用严格交易规则的义务。况且,就案涉2012年4月20日借款合同项下的债权转入最高额抵押担保的债权范围,该置业公司不仅形成了股东会决议,出具了房产抵押担保承诺函,且和某银行宣城龙首支行达成了《补充协议》,明确将已经存在的案涉借款转入前述最高额抵押权所担保的最高额为4000万元的主债权范围内。综上,某银行宣城龙首支行和K公司达成《补充协议》,将案涉2012年4月20日借款合同项下的债权转入前述最高额抵押权所担保的主债权范围内,虽未办理最高额抵押权变更登记,但在不影响第三人利益的前提下,最高额抵押权的效力仍然及于被转入的案涉借款合同项下的债权。

在公报案例中,当事人另行达成协议将最高额抵押权设立前已经存在的债权转入该最高额抵押担保的债权范围,只要转入的债权数额仍在该最高额抵押担保的最高债权额限度内,即使未对该最高额抵押权办理变更登记手续,该最高额抵押权的效力仍然及于被转入的债权,但不得对第三人产生不利影响。

○**法律应用** 《民法典》

第四百二十条 为担保债务的履行,债务人或者第三人对一定期间内将要连续发生的债权提供担保财产的,债务人不履行到期债务或者发生当事人约定的实现抵押权的情形,抵押权人有权在最高债权额限度内就该担保财产优先受偿。

最高额抵押权设立前已经存在的债权,经当事人同意,可以转入最高额抵押担保的债权范围。

第六百九十条 保证人与债权人可以协商订立最高额保证的合同,约定在最高债权额限度内就一定期间连续发生的债权提供保证。

最高额保证除适用本章规定外,参照适用本法第二编最高额抵押权的有关规定。

【案例 2-8】银行贷款合同中加速到期条款是否有效?

○**案情介绍** 2008 年 7、8 月期间,某银行与石家庄某集团股份有限公司签订了四份《流动资金借款合同》,借款总额为 1.5 亿元。合

第二章 金融机构借款合同纠纷问题

同约定某些情形下，贷款银行有权宣布贷款提前到期，停止发放尚未发放的贷款，并要求借款人提前偿还已发放的部分或全部贷款。这些情形包括"借款人的信用等级、盈利水平、资产负债率、经营活动现金净流量不符合甲方（某集团）信用贷款条件，其生产经营和财务状况发生重大变化，对我行贷款安全造成重大不利影响。"如果发生这些情形，那么该银行可以"依本合同约定或法律规定从甲方（某集团）账户上划收依本合同约定甲方应偿付的借款本金、利息、复利、罚息及所有其他应付费用"。

2008年9月11日，某集团奶粉添加三聚氰胺的违法经营行为被新闻媒体曝光，随后全国各地受害者均开始向该集团主张权利。2008年9月12日，该集团被有关政府部门勒令停止生产和销售。同日，该银行以特种转账支票的形式，单方从某集团在该行所开立的存款账户上扣划了本案所涉贷款本息。因不满该银行提前收回贷款，某集团破产管理人以该行为属于《企业破产法》第三十一条所规定的"对未到期的债务提前清偿的"情形，从而将该银行起诉至法院，要求撤销上述债务清偿行为。

⇒**律师指引** 本案的争议焦点在于加速到期条款是否有效？基于加速到期条款而为的清偿能否被撤销？

加速到期条款是由商业银行所提供的格式贷款合同中的条款，若要判断格式合同条款是否有效，须判断是否存在提供格式条款一方免除其责任、加重对方责任、排除对方主要权利的情形。当加速贷款到期条款是基于借款人预期违约或者实际违约情形下对合同履行期的约定，并未有免除银行责任、加重借款人责任和排除借款人主要权利的情形，未违反法律、行政法规的强制性规定时，可认定加速到期条款是有效的。上海市高级人民法院《关于审理金融借款合同纠纷案件若干问题的解答》第五条规定:"金融借款合同关于贷款人提前收贷有约定的,该约定只要不违反法律、行政法规的强制性规定,应认定有效。在贷款人主张借款人提前还款的条件成就时,贷款人据此诉请要求借款人提前还款的,法院应予支持。该诉请不以解除合同为前提,故贷款人无须主张解除合同诉请"。

由此可见,除非存在违反法律、行政法规的强制性规定的情况,一般而言,无论在理论上还是实践中加速到期条款的有效性是被承认的。本案贷款合同中的加速到期条款均未违反法律法规之强制性规定,亦没有免除银行的责任、加重借款人的责任、排除借款人主要权利的情形,因此是合法有效的约定,一审和二审法院均承认本案贷款合同中加速到期条款的有效性。

针对本案第二个争议焦点,主要的法律依据是《中华人民共和国企业破产法》(以下简称《企业破产法》)第三十一条第四款和第三十二条之规定,禁止在一定期限内个别清偿债务、提前清偿债务。一审和二审法院一致认为:"该银行划款时,某集团并不存在歇业、停业整顿情况,仍有足额资金可支付借款本息,生产经营和财务状况尚未发生重大变化,不符合合同约定的提前到期条件。虽然《流动资金借款合同》中虽有提前清偿的约定,但某集团进入破产程序后,根据特别法优于普通法的原则,应优先适用《企业破产法》的规定。"但也有诸多学者认为法院的事实认定过于简单化,判决存在偏颇。

该案例启示商业银行应当慎重适用贷款到期加速条款,避免出现

---

① 刘泽华、王志永,《银行宣布贷款提前到期的风险与防控——一起提前收贷纠纷案及其启示》,《银行家》,2010年05期。

法律风险:一是要加强对借款人的监测,包括对借款人经营和财务数据的监测,以及对其他可能影响借款热持续经营能力、社会形象实践的监测,以准确掌握借款人有关信息,为商业银行决策提供及时、准确依据;二是要合理判断并非所有的企业危机事件都会对贷款安全造成不利影响,深入分析论证危机事件是否符合合同约定的解除合同情形,避免判断失当给自身的经营和形象带来负面影响。①

●法律应用《企业破产法》

第三十一条 人民法院受理破产申请前一年内,涉及债务人财产的下列行为,管理人有权请求人民法院予以撤销:

(一)无偿转让财产的;

(二)以明显不合理的价格进行交易的;

(三)对没有财产担保的债务提供财产担保的;

(四)对未到期的债务提前清偿的;

(五)放弃债权的。

第三十二条 人民法院受理破产申请前六个月内,债务人有本法第二条第一款规定的情形,仍对个别债权人进行清偿的,管理人有权请求人民法院予以撤销。但是,个别清偿使债务人财产受益的除外。

《民法典》第四百九十七条 有下列情形之一的,该格式条款无效:

(一)具有本法第一编第六章第三节和本法第五百零六条规定的无效情形;

(二)提供格式条款一方不合理地免除或者减轻其责任、加重对方责任、限制对方主要权利;

(三)提供格式条款一方排除对方主要权利。

【案例 2-9】借款人被认定为骗取贷款罪,银行按正常手续放贷,借款合同、保证合同是否有效?

●**案情介绍** 2014年7月16日,W市H区人民法院作出(2014)威环刑初字第172号刑事判决,判决李某因案涉借款犯骗取贷款罪,对其予以刑事处罚。该判决中查明,李某因在某行有不良记录不符合贷款的条件,遂与其妹夫房某商量由房某以他的名义到银行贷款300万元给李某使用,房某同意后,李某将其在甲公司名下的股权无偿转让给房某,并将法人代表变更为房某,后指使公司会计伪造贷款证明文件提供给银行和乙担保公司。某行荣成支行工作人员称,"这笔贷款名义上为个人贷款,实际上是企业贷款,只有企业代表或股东才有资格贷款,贷款只能用于企业经营,贷款企业的名称为甲公司。这笔贷款是李某联系的,他说他妹夫房某是公司的股东是否可以贷,我说可以,他就回去准备了,后来李某提供的资料上公司的法人代表变更成房某了,我不知道他提供的《活期存款单》、《购销合同》、财务报表、利润表是虚假或虚报的,按照操作规程只能对当事人提供的资料本身进行审查,不能对来源进行审查。"2011年8月30日,某行荣成支行与房某签订《个人借款担保合同》一份,约定房某向某行荣成支行借款300万元用于购买原材料,借款期限为12个月,约定了借款利息、还款方式等,乙担保公司为上述借款债务提供连带责任保证。2011年8月3日,甲公司出具《承诺书》,承诺对房某在某行荣成支行的贷款及贷款利息承担连带责任保证,房某在该承诺书上签字。2011年8月31日,某行荣成支行依约发放贷款300万元。截至2012年8月31日,房某、李某尚欠某行荣成支行借款本金2,996,076.85元。2012年9月至2013年1月,某行荣成支行分七次共扣划乙担保公司

第二章 金融机构借款合同纠纷问题

款项 2,628,000 元。

房某在（2014）威环刑初字第 172 号案中述称，2011 年 3 月，李某说想在银行贷款给公司用，李某本人在银行有不良记录不能贷款，让其到银行贷款给李某用，后李某把在甲公司名下的 40 万元股权无偿转让给房某，并把法人代表变更为房某，实际上还是李某在经营。2011 年 7、8 月份，李某说银行贷款手续办好了，房某按照他的交代到荣成支行贷款科签了一些资料，然后银行工作人员让房某办了一张银行卡，说贷款下来后就放到房某的银行卡上，回去后，房某将银行卡给李某，等钱下来由李某直接使用。过了几天，李某说贷款办好了。房某提供了身份证、公司收入证明，其他资料由李某提供。贷款怎么使用的、公司的经营状况自己并不清楚。

◉**律师指引** 本案的争议焦点如下：一、借款主合同是否合法有效；二、保证从合同是否合法有效，乙担保公司是否有权请求撤销借款保证合同，房某、甲公司、乙担保公司是否应当承担还款责任。

借款主合同是否合法有效。首先，从（2014）威环刑初字第 172 号刑事判决内容看，案涉借款的实际借款人为李某，其行为犯骗取贷款罪，李某以欺诈的手段骗取荣成支行签订借款合同，李某存在欺诈的故意，某行荣成支行签订合同的行为并非其真实意思表示，且该银行属工商银行系统，其为国有银行，银行所有的资金为国有资金，李某却通过签订借款合同非法获得了银行贷款，其骗取银行贷款的行为损害了国家正常的金融管理秩序，致使银行国有资产遭受经济损失，损害国家利益，根据合同法的相关规定，只要一方存在欺诈，损害国家利益，借款合同应属无效；其次，虽然借款合同在签订形式上是合法的，但合同签订的目的是李某以欺骗手段非法获得银行借款，合同目的为非法占有贷款，根据合同法的相关规定，以合法形式掩盖非法目的，借款合同应属无效。综上，因实际借款人李某与某行荣成支行签订合同时存在欺诈的故意，以合法的借款合同形式掩盖非法占有借款的目的，其行为损害了国家利益，所签订的借款合同无效。根据合同法的规定，借款合同无效，实际借款人李某应当偿还借款本金并赔偿银行经济损失，该损失应以银行同期贷款利率计算自2011年8月31日至实际还款之日止，因其在借款期间内按时偿还了利息，该部分利息应当抵扣某行荣成支行在2012年8月31日之前的经济损失，借款人还偿还了部分本金，故实际借款人李某应当偿还借款本金2996076.85元并赔偿银行经济损失。

关于房某是否应当承担还款责任的问题。从172号刑事判决书的内容看，房某已明知李某在银行有不良记录不能贷款，仍同意以自己的名义向某行荣成支行借款给李某使用，同意无偿受让甲公司名下的股权，还同意将法人代表变更为自己，并向某行荣成支行提供了一系列的贷款材料，其在案涉借款合同订立过程中存在明显过错，故房某应当承担赔偿责任。

案涉借款主合同及保证合同是否有效，乙担保公司及甲公司是否应当承担保证责任问题。根据本案查明的事实，虽然房某、李某为了在某行荣成支行申请成功贷款，提供了虚假材料，骗取了某行荣成支行的贷款，然而某行荣成支行在与房某签订本案所涉借款合同时，是按照银行正常的放贷手续办理的，并无证据证明其工作人员参与了房某、李某骗取贷款的不法行为。某行荣成支行发放了合同项下的贷款，属于被欺诈的一方。依照《民法典》第一百四十八条的规定，某行荣成支行对借款合同享有撤销权，但其并未主张撤销，故案涉借款合同应有效。主合同有效，且无证据证明某行荣成支行与房某恶意串通，骗取乙担保公司提供保证,也无证据证明某行荣成支行采取了欺诈或胁迫手段,使乙担保公司在违背真实意思的情况下提供保证,故应认定保证合同也有效,保证人应承担相应的保证责任。

⊙ **法律应用** 《民法典》

第一百四十七条 基于重大误解实施的民事法律行为,行为人有权请求人民法院或者仲裁机构予以撤销。

第一百四十八条 一方以欺诈手段,使对方在违背真实意思的情况下实施的民事法律行为,受欺诈方有权请求人民法院或者仲裁机构予以撤销。

第一百四十九条 第三人实施欺诈行为,使一方在违背真实意思的情况下实施的民事法律行为,对方知道或者应当知道该欺诈行为的,受欺诈方有权请求人民法院或者仲裁机构予以撤销。

第一百五十条 一方或者第三人以胁迫手段,使对方在违背真实意思的情况下实施的民事法律行为,受胁迫方有权请求人民法院或者仲裁机构予以撤销。

第一百五十一条 一方利用对方处于危困状态、缺乏判断能力等情形,致使民事法律行为成立时显失公平的,受损害方有权请求人民法院或者仲裁机构予以撤销。

第一百五十三条 违反法律、行政法规的强制性规定的民事法律行为无效。但是,该强制性规定不导致该民事法律行为无效的除外。

违背公序良俗的民事法律行为无效。

第五百零九条第一款 当事人应当按照约定全面履行自己的义务。

第五百七十七条 当事人一方不履行合同义务或者履行合同义务不符合约定的,应当承担继续履行、采取补救措施或者赔偿损失等违约责任。

第六百七十四条 借款人应当按照约定的期限支付利息。对支付利息的期限没有约定或者约定不明确，依据本法第五百一十条的规定仍不能确定，借款期间不满一年的，应当在返还借款时一并支付；借款期间一年以上的，应当在每届满一年时支付，剩余期间不满一年的，应当在返还借款时一并支付。

第六百七十五条 借款人应当按照约定的期限返还借款。对借款期限没有约定或者约定不明确，依据本法第五百一十条的规定仍不能确定的，借款人可以随时返还；贷款人可以催告借款人在合理期限内返还。

第六百八十八条 当事人在保证合同中约定保证人和债务人对债务承担连带责任的，为连带责任保证。

连带责任保证的债务人不履行到期债务或者发生当事人约定的情形时，债权人可以请求债务人履行债务，也可以请求保证人在其保证范围内承担保证责任。

第六百九十一条 保证的范围包括主债权及其利息、违约金、损害赔偿金和实现债权的费用。当事人另有约定的，按照其约定。

第七百条 保证人承担保证责任后，除当事人另有约定外，有权在其承担保证责任的范围内向债务人追偿，享有债权人对债务人的权利，但是不得损害债权人的利益。

【案例2-10】开发商与自然人恶意串通获取银行贷款的司法实践。

◯**案情介绍** 开发商D公司为套取银行资金，与陈某某串通签订虚假的预售商品房买卖合同，以陈某某的名义与银行签订商品房抵押贷款合同而获得银行贷款。2007年8月29日,某银行与陈某某、D公司签订《个人贷款合同(抵押、保证)》一份,约定陈某某向某银行借款人民币37万元(以下币种均为人民币),用于购房。陈某某以坐落于上海市某区某路XXX弄XXX号房屋作为抵押物提供担保,担保范围包括利息、律师费等;贷款期限自2007年9月12日至2037年9月12日,还款方式采用等额还本付息法。D公司作为保证人在合同上盖章。合同签订后,某银行和陈某某于2007年9月12日办理抵押物登记手续,某银行于同日发放贷款。后该商品房买卖合同在另一诉讼中被依法确认无效,那么银行的贷款应当由谁且如何承担清偿责任?

⊙**律师指引** 在本案中,D公司与陈某某恶意串通,以商品房买卖为名从某银行获取购房贷款,却行D公司融资之实,损害了某银行的利益,危及银行贷款安全,陈某某与D公司具有明显过错。D公司贷款合同中自愿为陈某某借款所产生的债务向某银行提供阶段性连带责任保证,因此,D公司应对陈某某因贷款合同所产生的所有债务承担连带清偿责任。

⊙**法律应用** 《民法典》

第一百四十七条 基于重大误解实施的民事法律行为,行为人有权请求人民法院或者仲裁机构予以撤销。

第一百四十八条 一方以欺诈手段,使对方在违背真实意思的情况下实施的民事法律行为,受欺诈方有权请求人民法院或者仲裁机构予以撤销。

第一百四十九条 第三人实施欺诈行为,使一方在违背真实意思的情况下实施的民事法律行为,对方知道或者应当知道该欺诈行为的,受欺诈方有权请求人民法院或者仲裁机构予以撤销。

第一百五十条 一方或者第三人以胁迫手段，使对方在违背真实意思的情况下实施的民事法律行为，受胁迫方有权请求人民法院或者仲裁机构予以撤销。

第一百五十一条 一方利用对方处于危困状态、缺乏判断能力等情形，致使民事法律行为成立时显失公平的，受损害方有权请求人民法院或者仲裁机构予以撤销。

第一百五十三条 违反法律、行政法规的强制性规定的民事法律行为无效。但是，该强制性规定不导致该民事法律行为无效的除外。

违背公序良俗的民事法律行为无效。

第六百八十八条 当事人在保证合同中约定保证人和债务人对债务承担连带责任的，为连带责任保证。

连带责任保证的债务人不履行到期债务或者发生当事人约定的情形时，债权人可以请求债务人履行债务，也可以请求保证人在其保证范围内承担保证责任。

第六百九十一条 保证的范围包括主债权及其利息、违约金、损害赔偿金和实现债权的费用。当事人另有约定的，按照其约定。

【案例2-11】金融借款合同的解除（1）。

◯案情介绍 2014年4月25日，某银行支行与陈某、罗某签订了《个人额度借款合同》，合同约定额度期限为10年，年利率为6.175%，按周期结息到期还本，如果陈某、罗某违约，原告有权单方解除合同并提前收回尚未到期的贷款，如果陈某、罗某不能按期偿还借款本金，从逾期之日起按借款利率加收50%的罚息。同日，某银行

第二章 金融机构借款合同纠纷问题

支行与陈某、罗某签订了《个人最高额抵押合同》，自愿以位于某大道南侧的房权证编号为"城字第XX号"的房屋及房权证编号为"城字第XX号"的门面为其贷款提供抵押担保。被告罗某、肖某亦于同日与某银行支行签订编号《个人最高额抵押合同》，自愿以位于某广场4号楼的门面为陈某、罗某的贷款提供抵押担保。上述两份抵押担保合同的担保金额均为200万元，担保期限均为13年。陈某、罗某自2017年12月29日分8次在原告处贷款共计196万元，累计支付利息172,031.58元。由于陈某、罗某于2019年9月19日逾期未支付利息，按合同约定计算利息及罚息至2019年11月27日止，共计为41833元。某银行支行多次对陈某、罗某送达催款通知书，现陈某、罗某尚欠某银行支行贷款本息合计2,001,833元。某银行支行诉至法院，其在起诉状中载明要求解除借款合同，并阐述了其解除合同的意思表示及理由；同时要求陈某、罗某偿还本金及利息，并就两份《个人最高额抵押合同》中的房屋享有优先受偿权。被告陈某、罗某则认为，合同履行期限尚未届满，原告以被告违约为由诉请法院判决解除借款合同，并提前收取借款本息的诉求，因未履行我国《民法典》第五百六十五条所规定的前置通知义务，其诉求明显缺乏事实和法律依据；且本案中所涉的借款合同系主合同，主合同未依法解除前，原告无权就从合同主张权利。

➡**律师指引** 本案为金融借款合同、抵押合同纠纷。双方的争执焦点为原告与被告陈某、罗某签订的《个人额度借款合同》是否满足解除条件；在主合同未解除前，对担保抵押合同是否可以实现债权。原告与被告陈某、罗某签订的《个人额度借款合同》约定，如果被告陈某、罗某违约，原告有权单方解除合同并提前收回尚未到期的贷款。

被告陈某、罗某已于2019年9月19日逾期未支付利息，未按合同约定履行偿付本息义务，已属违约。虽然原告没有按法律规定履行相应的前置书面解除通知义务，但原告在其起诉状中已载明其诉讼请求之一为解除《个人额度借款合同》，并在诉状中明确阐述了其解除合同的意思表示及理由，本院向被告送达了民事诉状副本等相关文书，被告陈某、罗某已知悉原告要求解除《个人额度借款合同》的内容，已产生了通知效力，符合解除合同的条件。《个人最高额抵押合同》是双方当事人的真实意思表示，主合同解除后从合同约定的抵押担保内容亦应得到法律支持。

◯▶法律应用 《民法典》

第三百九十四条 为担保债务的履行，债务人或者第三人不转移财产的占有，将该财产抵押给债权人的，债务人不履行到期债务或者发生当事人约定的实现抵押权的情形，债权人有权就该财产优先受偿。

第五百零九条第一款、第二款 当事人应当按照约定全面履行自己的义务。

当事人应当遵循诚信原则，根据合同的性质、目的和交易习惯履行通知、协助、保密等义务。

第五百六十二条 当事人协商一致，可以解除合同。

当事人可以约定一方解除合同的事由。解除合同的事由发生时，解除权人可以解除合同。

第五百六十五条 当事人一方依法主张解除合同的，应当通知对方。合同自通知到达对方时解除；通知载明债务人在一定期限内不履行债务则合同自动解除，债务人在该期限内未履行债务的，合同自通知载明的期限届满时解除。对方对解除合同有异议的，任何一方当事人均可以请求人民法院或者仲裁机构确认解除行为的效力。

当事人一方未通知对方,直接以提起诉讼或者申请仲裁的方式依法主张解除合同,人民法院或者仲裁机构确认该主张的,合同自起诉状副本或者仲裁申请书副本送达对方时解除。

【案例2-12】金融借款合同的解除(2)。

◯案情介绍 2016年9月9日,杨某以资金周转为由向甲公司借款,双方签订了"借款合同",约定借款金额为59200元,借款期限为二年,月利率为4.8648‰;杨某自2016年9月起至2017年8月每月25日支付甲公司本息2755元(其中借款本金2467元、利息288元);若杨某未按约定及时支付本息或到期不归还借款本息,甲公司有权随时单方解除借款合同,依法追回借款本息;自逾期之日起,由杨某按中国人民银行公布的同期贷款利率的四倍标准承担所有应付款项的罚息,并另行每日按应还款总额的5‰的标准向甲公司支付违约金,直至出借款项及利息全部偿还为止。合同签订后的次日,甲公司以转账的方式向被告杨某支付59200元,杨某出具了59200元的借据。借款后,被告杨某在2016年12月25日前还款11020元本息(其中本金9868元、利息1152元)。此后,被告杨某按照"借款合同"偿还借款,酿成纠纷。

◯律师指引 依据《民法典》第五百六十二条规定,当事人协商一致,可以解除合同。当事人可以约定一方解除合同的事由。解除合同的事由发生时,解除权人可以解除合同。杨某向甲公司借款59200元,双方签订的借款合同系当事人的真实意思表示,该借贷合法有效。

杨某应当依约履行还款付息的义务。杨某未履行，甲公司有权按照合同的约定解除双方签订的借款合同并要求杨某支付借款本息、逾期利息。

◐**法律应用** 《民法典》第五百六十二条 当事人协商一致，可以解除合同。

当事人可以约定一方解除合同的事由。解除合同的事由发生时，解除权人可以解除合同。

第三章 自然人间借款合同纠纷问题

第一节 借款合同的基础知识

58 自然人间的借款必须签订书面合同吗?

我国《民法典》第六百六十八条规定,借款合同采用书面形式,但自然人之间借款另有约定的除外。由此可见,自然人之间的借款可以采用口头形式或者书面形式。当然,由于口头形式固有的局限性,比方说出现纠纷难以举证,所以尽管法律规定了自然人之间的借款可以采用口头形式,但是为了保护自己的权益,最好还是签订书面形式的借款合同。

59 自然人间的借款合同,什么时间成立?

自然人之间的借款合同,自出借人提供借款时成立。《最高人民法院关于审理民间借贷案件适用法律若干问题的规定(2020第二次修正)》第九条规定：自然人之间的借款合同具有下列情形之一的，可以视为合同成立：(一)以现金支付的，自借款人收到借款时；(二)以银行转账、网上电子汇款等形式支付的，自资金到达借款人账户时；(三)以票据交付的，自借款人依法取得票据权利时；(四)出借人将特定资金账户支配权授权给借款人的，自借款人取得对该账户实际支配权时；(五)出借人以与借款人约定的其他方式提供借款并实际履行完成时。

第二节 借款合同利率、利息、逾期利息

60 自然人间的借款合同，没有约定利息怎么办？

我国《民法典》第六百八十条规定，借款合同对支付利息没有约定的，视为没有利息。也就是说，当自然人之间没有约定借款利息的时候，是不需要支付利息的。所以如果出借方想让借款方支付利息，一定要有关于利息的约定，否则是不会收到利息的。

61 自然人间的借款合同，没有约定还款时间怎么办？

我国《民法典》第六百七十五条规定，借款人应当按照约定的期限返还借款。对借款期限没有约定或者约定不明确，依据本法第五百一十条的规定仍不能确定的，借款人可以随时返还；贷款人可以催告借款人在合理期限内返还。根据《民法典》第五百一十条规定，合同生效后，当事人就质量、价款或者报酬、履行地点等内容没有约

定或者约定不明确的，可以协议补充；不能达成补充协议的，按照合同相关条款或者交易习惯确定。

由此可见，自然人之间的借款，如果没有约定的，可以协商解决，协商解决不成的，借款人可以随时归还，出借人也可以随时要求借款人归还，但是应当给予借款人必要的筹备资金时间。

62 自然人间借款，借款人提前还款如何计算利息？

《最高人民法院关于审理民间借贷案件适用法律若干问题的规定（2020第二次修正）》第三十条规定，借款人可以提前偿还借款，但是当事人另有约定的除外。借款人提前偿还借款并主张按照实际借款期限计算利息的，人民法院应予支持。

63 自然人间的借款对利率有限制吗？

我国《民法典》第六百八十条明确规定，禁止高利放贷，借款的利率不得违反国家有关规定。《最高人民法院关于审理民间借贷案件适用法律若干问题的规定（2020第二次修正）》第二十八条规定，借贷双方对逾期利率有约定的，从其约定，但是以不超过合同成立时一年期贷款市场报价利率四倍为限。第二十九条规定出借人与借款人既约定了逾期利率，又约定了违约金或者其他费用，出借人可以选择主张逾期利息、违约金或者其他费用，也可以一并主张，但是总计超过合同成立时一年期贷款市场报价利率四倍的部分，人民法院不予支持。

64 自然人间借款,出借人可以预先在借款本金中扣除利息吗?

《民法典》规定借款的利息不得预先在本金中扣除。利息预先在本金中扣除的,应当按照实际借款数额返还借款并计算利息。《最高人民法院关于审理民间借贷案件适用法律若干问题的规定(2020第二次修正)》第二十六条规定,借据、收据、欠条等债权凭证载明的借款金额,一般认定为本金。预先在本金中扣除利息的,人民法院应当将实际出借的金额认定为本金。我们可以得知,《民法典》为了保护借款人的利益做出了这样的规定,借款利息不得预先扣除,否则实际上我们拿到手里的钱不足额的话,就相当于我们多支付了利息,因此法律规定,预先扣除利息的话,应按照实际借款数额还款并支付利息。

65 自然人间借款,借贷双方约定复利是否有效?

复利是出借人将应得的利息加入本金再计算利息,俗称"息加息""利滚利"。以复利计算的利息显然高于单利。实践中这类情况比较常见,按照《最高人民法院关于审理民间借贷案件适用法律若干问题的规定(2020第二次修正)》第二十七条的规定,借贷双方对前期借款本息结算后将利息计入后期借款本金并重新出具债权凭证,如果前期利率没有超过合同成立时一年期贷款市场报价利率四倍,重新出具的债权凭证载明的金额可认定为后期借款本金。超过部分的利息,不应认定为后期借款本金。

按前款计算,借款人在借款期间届满后应当支付的本息之和,超过以最初借款本金与以最初借款本金为基数、以合同成立时一年期贷款市场报价利率四倍计算的整个借款期间的利息之和的,人民法院不予支持。

这一规定说明,双方当事人在借贷发生时自愿约定复利,且在最后还本付息时,复利没有超过法定最高限度的,应当予以准许。

66 自然人间借款逾期还款的利息如何计付?

根据《民法典》第六百七十六条的规定,借款人未按照约定的期限返还借款的,应当按照约定或者国家有关规定支付逾期利息。《最高人民法院关于审理民间借贷案件适用法律若干问题的规定(2020第二次修正)》第二十八条关于逾期利息做了如下规定,借贷双方对逾期利率有约定的,从其约定,但是以不超过合同成立时一年期贷款市场报价利率四倍为限。

未约定逾期利率或者约定不明的,人民法院可以区分不同情况处理:

(一)既未约定借期内利率,也未约定逾期利率,出借人主张借款人自逾期还款之日起参照当时一年期贷款市场报价利率标准计算的利息承担逾期还款违约责任的,人民法院应予支持;

(二)约定了借期内利率但是未约定逾期利率,出借人主张借款人自逾期还款之日起按照借期内利率支付资金占用期间利息的,人民法院应予支持。

⑥⑦ 自然人间借款的借贷双方既约定逾期利息又约定违约金或其他费用如何处理？

《最高人民法院关于审理民间借贷案件适用法律若干问题的规定（2020第二次修正）》第二十九条规定，出借人与借款人既约定了逾期利率，又约定了违约金或者其他费用，出借人可以选择主张逾期利息、违约金或者其他费用，也可以一并主张，但是总计超过合同成立时一年期贷款市场报价利率四倍的部分，人民法院不予支持。

⑥⑧ 自然人间借款未约定利息，借款人自愿支付或自愿支付超过上限利息如何处理？

没有约定利息但借款人自愿支付，或者超过约定的利率自愿支付利息或违约金，且没有损害国家、集体和第三人利益，借款人又以不当得利为由要求出借人返还的，人民法院不予支持。

第三节 夫妻债务、继承

⑥⑨ 夫妻一方在婚姻关系存续期间对外借款，能否要求另一方一起偿还？

《民法典》第一千零六十四条规定，夫妻双方共同签名或者夫妻一方事后追认等共同意思表示所负的债务，以及夫妻一方在婚姻关系存续期间以个人名义为家庭日常生活需要所负的债务，属于夫妻共同债务。夫妻一方在婚姻关系存续期间以个人名义超出家庭日常生活需要所负的债务，不属于夫妻共同债务；但是，债权人能够证明该债务用于夫妻共同生活、共同生产经营或者基于夫妻双方共同意思表示的除外。

根据上诉规定，夫妻一方在婚姻存续期间对外借款，有权要求另一方一起偿还，除非另一方能够证明该笔债务并非用于夫妻共同生活开支，而主张为共同债务的一方如不能举证反驳的话，法院就可认定该笔以夫妻一方个人名义所欠的债务为其个人债务，由举债人单独偿还。

70 出借人死亡之后，其继承人是否能继承其债权？

《民法典》第一千一百二十二条规定，遗产是自然人死亡时遗留的个人合法财产。依照法律规定或者根据其性质不得继承的遗产，不得继承。根据上述规定，出借人死亡之后，其继承人有权继承出借人的债权。

71 借款人死亡之后，其继承人是否还有偿还债务的义务？

如果说债务人意外死亡，关于债务清偿问题通常有以下三种情形：

（1）公民从出生时起到死亡时止，具有民事权利能力，依法享有民事权利，承担民事义务。借款人作为独立的民事主体，独立地承担民事责任。

（2）依据《民法典》及其司法解释规定，夫妻共同债务，由夫妻共同偿还。

（3）继承遗产应当清偿被继承人依法应当缴纳的税款和债务，缴纳税款和清偿债务以遗产实际价值为限。超过遗产实际价值部分，继承人自愿偿还的不在此限。继承人放弃继承的，对被继承人依法应当缴纳的税款和债务可以不负偿还责任。

也就是说，借款人死亡后，如属夫妻共同债务，则其配偶有义务偿还；未发生继承的，则在借款人的遗产中偿还；如已发生继承的，则其继承人在继承的遗产范围内偿还，若放弃继承则无需承担。继承人个人无义务偿还，但自愿偿还的除外。

第四节 转让

72 出借人向第三人转让债权，是否需要经过借款人同意？

《民法典》第五百四十六条规定，债权人转让债权，未通知债务人的，该转让对债务人不发生效力。根据上述规定，出借人转让债权，无需经过借款人同意，但是应通知借款人。

73 出借人向第三人转让债权，应由谁通知借款人？

《民法典》只规定了债权转让的通知义务，但是并未对由哪一方通知进行明确规定，结合司法实践，债权转让通知的发出主体为债权人。由受让人进行通知的情况，因受让人不具有通知债权转让的主体资格，不符合有关通知主体的要求，因此，受让人进行通知不具有法律效力；由受让人代转债权人的书面通知的情况，代转是通知的一种方式，其通知的意思表示是由债权人做出的，履行通知义务的主体是债权人而非受让人，受让人只是通知传递方式中的中介人，并不能因为受让人在债权转让法律关系中的当事人地位，就否定债权人做出的通知的法律效力，因此，由受让人代转债权人的书面通知是具有法律效力的。

74 出借人向第三人转让债权，可通过哪些形式通知借款人？

出借人转让债权，可采用以下方式通知借款人：

（1）书面通知。债权转让的通知应当采用何种方式，我国《民法典》并未做出规定，口头、书面及其他形式均可作为债权转让的通知方式。口头形式虽然简便易行，但因证据不易保留，一旦发生纠纷，取证较为困难，一般应以书面形式为妥。

（2）签订债权转让协议。债权人、受让人、债务人共同订立债权转让协议书，债务人在债权转让协议书签字盖章，可以认为债权人已尽债权转让通知义务。

（3）公告通知。公告通知适用于金融资产管理公司受让了商业银行巨额债权，债务人众多，在通知债务人问题上压力很大的情况。

75 借款人将借款合同的义务转移给第三人的，是否要经过出借人同意？

根据《民法典》第五百五十一条的规定，债务人将债务的全部或者部分转移给第三人的，应当经债权人同意。债务人或者第三人可以催告债权人在合理期限内予以同意，债权人未作表示的，视为不同意。

由此看来，借款人将借款合同的全部或部分义务转移给第三人，必须要经过出借人的同意，否则借款人的转移行为无效。

第五节　借条

76 出借人仅有借条，没有打款记录，能证明借贷事实的存在吗？

在此种情况下，借款人可能会有如下三种应对方式。

（1）认可出借人的借条，承认双方存在借贷关系，借款事实已经发生，双方对借款事实的陈述相符，则能证明双方存在借贷事实。

（2）认可出借人的借条，承认双方存在借贷关系，但是借款人说明已偿还借款的，《最高人民法院关于审理民间借贷案件适用法律若干问题的规定（2020第二次修正）》第十五条第一款规定，原告仅依据借据、收据、欠条等债权凭证提起民间借贷诉讼，被告抗辩已经偿还借款的，被告应当对其主张提供证据证明。被告提供相应证据证明其主张后，原告仍应就借贷关系的存续承担举证责任。

（3）借款人否认借款事实的发生，《最高人民法院关于审理民间借贷案件适用法律若干问题的规定（2020第二次修正）》第十五条第二款规定，被告抗辩借贷行为尚未实际发生并能作出合理说明的，人民法院应当结合借贷金额、款项交付、当事人的经济能力、当地或者当事人之间的交易方式、交易习惯、当事人财产变动情况以及证人证言等事实和因素，综合判断查证借贷事实是否发生。

第三章　自然人间借款合同纠纷问题

⑦⑦ 在胁迫之下写出的借条是否有效？

如果借款人是在出借人的胁迫下写下的借条，借条应当是无效的。对于债务纠纷案件，出借人对借款人提起诉讼之后，法院要经过开庭质证，审查其提供的借条是否是借款人真实意愿；此时，根据"谁主张谁举证"的原则，如果借款人有证据证实出借人所提供的借条是自己在受到胁迫的情况下不得已写的，那么借条便不会被法院认定，借款人也不必因此承担责任。

⑦⑧ 借用他人信用卡消费并承诺还款的，是否形成借贷关系？

借用他人信用卡消费并承诺还款的，形成借贷关系，并需支付怠于还款造成的滞纳金损失。

⑦⑨ 出借人仅以转账凭条能否认定借贷关系存在？

《最高人民法院关于审理民间借贷案件适用法律若干问题的规定（2020第二次修正）》第十六条规定，原告仅依据金融机构的转账凭证提起民间借贷诉讼，被告抗辩转账系偿还双方之前借款或者其他债务的，被告应当对其主张提供证据证明。被告提供相应证据证明其主张后，原告仍应就借贷关系的成立承担举证责任。出借人仅以转账凭条为据主张系借款并要求偿还，若借款人主张并非借款但未能举证证明，则应认定转账凭条所记载数额的借款成立。

80 因赌债写下的借条是否有效？

一般情况下，在民间借贷中，只要双方当事人真实意思表示一致，同时不违反现有法律法规的强制性规定，一般会认为这种借贷关系成立，应受法律保护。有一些"债务"的产生基于非法的行为，为了让这种非法债务表面合法化，当事人往往会采取一些规避法律的措施，如将赌债写成一般的借款欠条，这在法律上是不受保护的。问题是，如何证明自己欠下的债务是"非法债务"？《民法典》第一百五十三条规定，违反法律、行政法规的强制性规定的民事法律行为无效。但是，该强制性规定不导致该民事法律行为无效的除外。违背公序良俗的民事法律行为无效。无效的民事行为，从行为开始起就没有法律约束力。如果能够证明出借人明知借款人借款的目的是用于赌博或从事非法行为，这样的债务是不受法律保护的。否则，由于在举证问题上没有充分、确切的证据，不能证明债务非法，法院往往会支持对方的要求。

第六节 起诉

81 起诉前，出借人应准备哪些材料？

起诉前，出借人应准备下列材料：

（1）起诉状。

起诉状应当记明下列事项：

①原告的姓名、性别、年龄、民族、职业、工作单位、住所、联系方式,法人或者其他组织的名称、住所和法定代表人或者主要负责人的姓名、职务、联系方式;

②被告的姓名、性别、工作单位、住所等信息,法人或者其他组织的名称、住所等信息;

③诉讼请求和所根据的事实与理由。

(2)原告的主体资格证明材料。

当原告是自然人时,需提交自然人身份证复印件一份,并提供原件查验。当事人可委托一至二人作为诉讼代理人。

(3)证据材料。

证据材料主要包括下列内容:

①借款协议或借条;

②借贷关系有担保人的,提供有关担保的证据材料;

③借贷双方合理交付、收到钱款的凭证;

④债务人借款用途的证明;

⑤债务人应当支付利息的证明;

⑥无利息约定,债权人要求债务人偿付逾期利息,或者不定期无息借款经催告不还,债权人要求偿付催告后利息的,应有到期不还或经催告不还的证据材料;

⑦债务人下落不明的,应有证明债权凭证真实性及清偿债务的相关证据材料;

⑧付款、付息凭证;

⑨其他证据材料。

82 借款人找不到了怎么办？

如果找不到借款人，出借人可以根据正常的起诉程序向法院起诉，法院会通过公告送达、缺席判决来处理，然后出借人可以根据判决书向人民法院申请强制执行。

83 自然人间借款合同纠纷如何确定管辖法院？

按照民事诉讼法的规定，因合同纠纷提起的诉讼，由被告住所地或者合同履行地人民法院管辖，借款合同纠纷作为合同纠纷也适用该规定。

按照《最高人民法院关于适用〈中华人民共和国民事诉讼法〉的解释（2020修正）》第十八条的规定，合同约定履行地点的，以约定的履行地点为合同履行地。合同对履行地点没有约定或者约定不明确，争议标的为给付货币的，接收货币一方所在地为合同履行地；交付不动产的，不动产所在地为合同履行地；其他标的，履行义务一方所在地为合同履行地。即时结清的合同，交易行为地为合同履行地。合同没有实际履行，当事人双方住所地都不在合同约定的履行地的，由被告住所地人民法院管辖。《最高人民法院关于审理民间借贷案件适用法律若干问题的规定（2020第二次修正）》第三条规定，借贷双方就合同履行地未约定或者约定不明确，事后未达成补充协议，按照合同相关条款或者交易习惯仍不能确定的，以接受货币一方所在地为合同履行地。据此，关于合同履行地的确定，有约定的按照约定，没约定的接受货币一方所在地也即出借人所在地法院也有管辖权。

另外，按照《民事诉讼法》的规定，合同纠纷的当事人可以书面协议选择被告住所地、合同履行地、合同签订地、原告住所地、标的物所在地等与争议有实际联系的地点法院管辖。

综上，出借人要根据具体情况决定起诉的法院，有时候可供选择的法院不是唯一的，需要出借人进行抉择。民间借贷的出借人如在签订民间借贷合同时约定有利于自己的法院作为双方纠纷的管辖法院，一般会更有利于纠纷的解决。

84 自然人间借款合同纠纷的诉讼时效是多久？

借款合同纠纷诉讼时效为三年，自权利人知道或者应当知道权利受到损害以及义务人之日起计算，但最长不得超过20年。

85 自然人间借款合同纠纷诉讼时效过了怎么办？

一般来说，超过诉讼时效的法律后果是丧失胜诉权，但不影响法院受理，法院在受理后，如查明无诉讼时效中止或中断等情形，判决驳回诉讼请求；如查明存在诉讼时效中止或中断情形的，则支持债权人诉讼请求。

如果无法找到诉讼时效中断的证据，只能寻找其他的救济方式，比如：

（1）尽量考虑通过友好协商，争取借款人自愿还款或达成还款协议。超过诉讼时效后如果借款人自愿履行债务，出借人便可接受借款人的清偿而使债权得到满足；借款人在清偿债务后，不得以债权已过诉讼时效为由，要求出借人返还财产。

（2）无法协商的，债权人一方可考虑向对方发出催收到期款项通知单。向借款人发出催收到期贷款通知单，借款人在该通知单上签字的，可以视为对原债务的重新确认，该债权债务关系应受法律保护。

综上所述，如果发生借款纠纷，出借人需要做好提起诉讼的准备，以免发生超过诉讼时效的情况。

【案例3-1】以票据交付的借款合同何时生效？

⭕ **案情介绍** 吴某与王某通过朋友赵某介绍认识，之后王某称有工程找赵某借钱，于是赵某找到了吴某。因吴某施工Z大厦钢结构工程，山东某装饰工程有限公司以商业承兑汇票向其支付工程款，吴某便将该商业承兑汇票交付给了王某。2021年2月16日，王某在一份金额为134308.28元的商业承兑汇票复印件下方书写"欠条"，并约定了还款日期及利息。吴某称其在商业承兑汇票中载明的汇票到期日，之后也向王某催要过款项，但王某以未要回工程款为由，拒绝向原告还款。

⭕ **律师指引** 根据《最高人民法院关于审理民间借贷案件适用法律若干问题的规定（2020第二次修正）》第九条第三项规定，"以票据交付的，自借款人依法取得票据权利时"，视为达到自然人之间借款合同的成立要件。有证据证明吴某将金额为134308.28元的商业承兑汇票于2021年2月16日交付王某，王某取得了相应的票据权利，故双方借款合同成立并生效。

⭕ **法律应用** 《最高人民法院关于审理民间借贷案件适用法律若干问题的规定（2020第二次修正）》第九条 自然人之间的借款合同具

第三章　自然人间借款合同纠纷问题

有下列情形之一的，可以视为合同成立：

（一）以现金支付的，自借款人收到借款时；

（二）以银行转账、网上电子汇款等形式支付的，自资金到达借款人账户时；

（三）以票据交付的，自借款人依法取得票据权利时；

（四）出借人将特定资金账户支配权授权给借款人的，自借款人取得对该账户实际支配权时；

（五）出借人以与借款人约定的其他方式提供借款并实际履行完成时。

【案例3-2】民间借贷中的名义借款人是否应当承担还款责任？

> **案情介绍**　2021年2月，潘某联系叶某，有意向叶某借款，由曾某作担保人。当晚写借条时，叶某提出，曾某是公务员有稳定收入，潘某则是村干部，要求以曾某作为借款人才同意借款。潘某向曾某请求后，曾某同意作为借款人，并填写借条，向叶某借款40,000元，潘某签名担保。潘某与叶某一同去建设银行取款，并在银行交付给潘某借款40,000元。后因潘某、曾某未及时还款，故叶某诉至法院，要求判令曾某归还借款本金40,000元并按约定的2分月息支付利息。但是曾某辩称，自己是受潘某之托作为名义借款人，实际借款人是潘某，自己不应当承担偿还责任。

> **律师指引**　在本案当中，虽然曾某辩称自己只是受潘某之托，以借款人名义出具借条，但曾某也承认，叶某明确要求其作为借款人出具借条，而其最终也同意，可见双方的借贷意思表示是真实、自愿的。故从曾某出具借条的行为，应认定双方之间的借款合同关系成立。

法院在裁判中认为，出借人明确要求以受托人为借款人的，虽然出借人明知受托人与委托人之间的委托关系，但不应由委托人来承担还款责任，而应认定受托人和出借人即为民间借贷法律关系的当事人，对各自的行为承担相应责任，以保护合同的效力。

⊙ **法律应用** 《民法典》

第五百零九条第一款 当事人应当按照约定全面履行自己的义务。

第五百七十七条 当事人一方不履行合同义务或者履行合同义务不符合约定的，应当承担继续履行、采取补救措施或者赔偿损失等违约责任。

第六百七十四条 借款人应当按照约定的期限支付利息。对支付利息的期限没有约定或者约定不明确，依据本法第五百一十条的规定仍不能确定，借款期间不满一年的，应当在返还借款时一并支付；借款期间一年以上的，应当在每届满一年时支付，剩余期间不满一年的，应当在返还借款时一并支付。

第六百七十五条 借款人应当按照约定的期限返还借款。对借款期限没有约定或者约定不明确，依据本法第五百一十条的规定仍不能确定的，借款人可以随时返还；贷款人可以催告借款人在合理期限内返还。

第六百八十八条 当事人在保证合同中约定保证人和债务人对债务承担连带责任的，为连带责任保证。

连带责任保证的债务人不履行到期债务或者发生当事人约定的情形时，债权人可以请求债务人履行债务，也可以请求保证人在其保证范围内承担保证责任。

第六百九十一条 保证的范围包括主债权及其利息、违约金、损害赔偿金和实现债权的费用。当事人另有约定的,按照其约定。

第七百条 保证人承担保证责任后,除当事人另有约定外,有权在其承担保证责任的范围内向债务人追偿,享有债权人对债务人的权利,但是不得损害债权人的利益。

【案例3-3】房屋抵押贷款后高利转贷的民间借贷合同是否有效?

> 案情介绍 小姜于2021年2月、3月在某银行某支行贷款两笔共计140万元,并以其房屋作为抵押。小姜与小李是多年的同学,小李出于做生意的目的向小姜借款,小姜将从银行贷款中的100万元出借给小李。双方签订《借款协议书》,该协议主要约定:"借款金额一百万元整,借款年限为五年整;自支用贷款之日起,按照实际支用数计算利息,并不计算复利。在合同规定的借款期内,第一年每月利率为3%,即每月30,000元,最后一个月不计息;第二年每月利率2%,即每月20,000元;第三年至第五年每月利率2%,即每月20,000元,每年最后一个月不计息。利息每月5日前打到乙方账户上。如连续3个月乙方(小李)未向甲方(小姜)支付利息,乙方有权终止合同,并向甲方追回借款。" 2021年9月之后,小李未再按时支付利息。经多次催收无果,小姜诉至法院,要求小李支付本金100万元及利息。但是小李认为本案符合法律关于套取金融信贷资金高利转贷给借款人的情形,民间借贷合同应为无效,其利息不应得到保护,且小姜涉嫌高利转贷,应移交公安机关处理。

> 律师指引 《最高人民法院关于审理民间借贷案件适用法律若干

问题的规定（2020第二次修正）》第十三条规定："具有下列情形之一的，人民法院应当认定民间借贷合同无效：（一）套取金融机构贷款转贷的……"关于该规定，规范的对象为借款人利用自己的信贷额度和信用条件，从金融机构套取信用贷款后，再高利转贷给他人。此行为严重扰乱信贷资金市场秩序。该规定是为维护国家对信用贷款发放及利率的管理，防范高利贷转贷行为给金融市场带来的风险。而信用贷款的性质是以借款人的信誉发放的贷款，借款人不需要提供担保即可取得贷款并以自己的信用程度作为还款保证，因此该条款规范的主要是符合《贷款通则》要求信贷资金使用条件的企业和有关组织。本案中，小姜的银行贷款系以房屋作为抵押，其贷款存在物权上的担保，不属于信用贷款范畴。因此法院认为，小李称小姜涉嫌高利转贷没有事实依据，应偿还100万元本金及利息。

◆ **法律应用**《最高人民法院关于审理民间借贷案件适用法律若干问题的规定（2020第二次修正）》第十三条　具有下列情形之一的，人民法院应当认定民间借贷合同无效：

（一）套取金融机构贷款转贷的；

（二）以向其他营利法人借贷、向本单位职工集资，或者以向公众非法吸收存款等方式取得的资金转贷的；

（三）未依法取得放贷资格的出借人，以营利为目的向社会不特定对象提供借款的；

（四）出借人事先知道或者应当知道借款人借款用于违法犯罪活动仍然提供借款的；

（五）违反法律、行政法规强制性规定的；

（六）违背公序良俗的。

【案例 3-4】未约定利息或利息约定不明的民间借贷，逾期利息如何计算？

◉ **案情介绍** 袁某与邱某是某村村民。2021年1月24日，袁某因小卖部进货需要，向邱某借款 12,000 元，并向邱某出具借条。内容如下：今欠邱某现金 12,000 元整。双方当时仅口头约定还款期为当年 6 月 30 日，并约定利息 2 分。但是由于小卖部生意大不如前，到 2021 年 6 月底，袁某仍未还清借款。邱某诉至法庭，要求判令袁某偿还其借款 12,000 元及利息。

◉ **律师指引** 根据《民法典》第六百八十条的规定，"借款合同对支付利息没有约定的，视为没有利息"。虽未载明借款期限，但袁某主张双方口头约定还款期限为 2021 年 6 月 30 日，故其主张的利息应自 2021 年 7 月 1 日起计算。邱某主张双方口头约定利息为月息 2 分，但未能举证证明该主张。《最高人民法院关于审理民间借贷案件适用法律若干问题的规定（2020 第二次修正）》第二十八条规定，"既未约定借期内利率，也未约定逾期利率，出借人主张借款人自逾期还款之日起参照当时一年期贷款市场报价利率标准计算的利息承担逾期还款违约责任的，人民法院应予支持"。因此，袁某应自 2021 年 7 月 1 日起至判决确定的履行期限届满之日止，参照当时一年期贷款市场报价利率支付邱某资金占用期间利息。

◉ **法律应用** 《民法典》第六百八十条第二款 借款合同对支付利息没有约定的，视为没有利息。

《最高人民法院关于审理民间借贷案件适用法律若干问题的规定》

第二十八条　借贷双方对逾期利率有约定的，从其约定，但是以不超过合同成立时一年期贷款市场报价利率四倍为限。

未约定逾期利率或者约定不明的，人民法院可以区分不同情况处理：

（一）既未约定借期内利率，也未约定逾期利率，出借人主张借款人自逾期还款之日起参照当时一年期贷款市场报价利率标准计算的利息承担逾期还款违约责任的，人民法院应予支持；

（二）约定了借期内利率但是未约定逾期利率，出借人主张借款人自逾期还款之日起按照借期内利率支付资金占用期间利息的，人民法院应予支持。

【案例3-5】分次归还的借款抵充的是本金还是利息？

▶ **案情介绍**　2020年1月28日，陈某向王某借款100,000，约定月息5分，按月归还，并给王某出具借条一张。借款后，陈某陆续向王某支付了31,500元。2020年4月29日，陈某又向王某借款60,000元。借款后，陈某于2021年6月支付王某23,000元、于2021年12月5日支付王某10,000元。在还款过程中，系归还金额是本金还是利息的问题发生了争议：王某认为陈某归还的31,500元、23,000元、10,000元是对100,000借款利息的偿还；陈某认为其中31,500元归还的是100,000借款的本金，23,000元与10,000元归还的是60,000元借款的本金。双方争执不下，诉至法庭。

▶ **律师指引**　民间借贷中经常出现多次借款与多次还款的问题。由于归还金额是本金还是利息对借款人最终的还款金额影响较大，且

第三章　自然人间借款合同纠纷问题

双方当事人一般并未明示，因此法律对此做了明确规定。《民法典》第五百六十条规定，债务人对同一债权人负担的数项债务种类相同，债务人的给付不足以清偿全部债务的，除当事人另有约定外，由债务人在清偿时指定其履行的债务。

债务人未作指定的，应当优先履行已经到期的债务；数项债务均到期的，优先履行对债权人缺乏担保或者担保最少的债务；均无担保或者担保相等的，优先履行债务人负担较重的债务；负担相同的，按照债务到期的先后顺序履行；到期时间相同的，按照债务比例履行。

因此本案的100,000借款发生在前，故陈某偿还的23,000元及10,000元应当认定为偿还本案100,000的借款。《民法典》第五百六十一条规定，债务人在履行主债务外还应当支付利息和实现债权的有关费用，其给付不足以清偿全部债务的，除当事人另有约定外，应当按照下列顺序履行：（一）实现债权的有关费用；（二）利息；（三）主债务。因此该三笔还款应当认定为陈某偿还王某100,000借款的利息，而非本金。

另外在本案中双方约定了高额利息，《最高人民法院关于审理民间借贷案件适用法律若干问题的规定（2020第二次修正）》第二十五条规定：出借人请求借款人按照合同约定利率支付利息的，人民法院应予支持，但是双方约定的利率超过合同成立时一年期贷款市场报价利率四倍的除外。因此在本案中利率超过合同成立时一年期贷款市场报价利率四倍的部分借款人无须归还。

● 法律应用《民法典》

第五百六十条　债务人对同一债权人负担的数项债务种类相同，债务人的给付不足以清偿全部债务的，除当事人另有约定外，由债务人在清偿时指定其履行的债务。

债务人未作指定的,应当优先履行已经到期的债务;数项债务均到期的,优先履行对债权人缺乏担保或者担保最少的债务;均无担保或者担保相等的,优先履行债务人负担较重的债务;负担相同的,按照债务到期的先后顺序履行;到期时间相同的,按照债务比例履行。

第五百六十一条 债务人在履行主债务外还应当支付利息和实现债权的有关费用,其给付不足以清偿全部债务的,除当事人另有约定外,应当按照下列顺序履行:

(一)实现债权的有关费用;

(二)利息;

(三)主债务。

《最高人民法院关于审理民间借贷案件适用法律若干问题的规定(2020第二次修正)》人民法院关于审理民间借贷案件适用法律若干问题的规定(2020第二次修正)》第二十五条 出借人请求借款人按照合同约定利率支付利息的,人民法院应予支持,但是双方约定的利率超过合同成立时一年期贷款市场报价利率四倍的除外。

【案例3-6】婚内任何一方借款都认定为夫妻共同债务吗?

▶ **案情介绍** 李某1与李某系姐弟关系,梁某与李某系夫妻关系。李某1于2015年9月8日出借给李某100,000元,李某出具了借条,约定了还款期限及利息,但是梁某不知情且并未在借条上签字。李某到期未能按时还款。

后来梁某与李某夫妻关系恶化,于2018年提起离婚诉讼。在判决离婚诉讼过程中,李某1将李某和梁某诉至法庭,要求共同归还借款

第三章　自然人间借款合同纠纷问题

100,000元及利息。那么对于该笔借款梁某有偿还的义务吗？

⬤ **律师指引**　《民法典》第一千零六十四条第一款规定，夫妻双方共同签名或者夫妻一方事后追认等共同意思表示所负的债务，以及夫妻一方在婚姻关系存续期间以个人名义为家庭日常生活需要所负的债务，属于夫妻共同债务。

强调夫妻共同债务形成时的"共债共签"原则，引导债权人在形成债务，尤其是大额债务时，加强事前风险防范。

《民法典》第一千零六十四条第二款规定，夫妻一方在婚姻关系存续期间以个人名义超出家庭日常生活需要所负的债务，不属于夫妻共同债务；但是，债权人能够证明该债务用于夫妻共同生活、共同生产经营或者基于夫妻双方共同意思表示的除外。

针对夫妻一方以个人名义对外所负数额较大且超出家庭日常生活所需的债务，明确由债权人证明债务用于夫妻共同生活或者共同生产经营，或者债务的负担是基于夫妻双方共同的意思表示，若债权人不能证明，则不能认定为夫妻共同债务。

法院审理认为，李某1主张其于2015年9月8日出借给李某的100,000元，显然已经超出了李某和梁某家庭日常生活需要。现李某1主张该款为李某和梁某夫妻共同债务，其应证明该款用于李某与梁某的夫妻共同生活、共同生产经营或者基于李某、梁某的共同意思表示。另外，李某1提起本案诉讼发生在李某与梁某离婚诉讼阶段，此时，李某1负有更高程度的举证义务。李某1除其向李某汇款的凭证及案涉《借条》外未能提供其他证据证实其主张，案涉《借条》中无梁某的签字。因此法院判决该债务由李某个人承担。

> 法律应用 《民法典》

第一千零六十四条　夫妻双方共同签名或者夫妻一方事后追认等共同意思表示所负的债务，以及夫妻一方在婚姻关系存续期间以个人名义为家庭日常生活需要所负的债务，属于夫妻共同债务。

夫妻一方在婚姻关系存续期间以个人名义超出家庭日常生活需要所负的债务，不属于夫妻共同债务；但是，债权人能够证明该债务用于夫妻共同生活、共同生产经营或者基于夫妻双方共同意思表示的除外。

【案例3-7】 出借人或借款人的借贷行为涉嫌犯罪，民间借贷合同是否有效？

> 案情介绍　2021年6月24日，程某通过个人银行账号通过POS机转入曾某账户两笔款项，共计32万元。2021年7月1日，被告曾某写借条一张，其借条内容为"借条：今借程某现金叁拾贰万元整，￥320000.00元。借款人：曾某，2021年9月1日。"在借款人栏有借款人的签字、捺印，在催讨过程中，被告曾某已于2021年10月偿还原告借款本金12800元。

另查明，该地法院（2021）鲁XX刑初X号刑事判决书中，曾某因犯非法吸收公共存款罪，被法院判处有期徒刑五年六个月，并处罚金100,000元，责令曾某退赔各集资参与人经济损失共计人民币3968320元。那么该借条是否有效？

> 律师指引 《最高人民法院关于审理民间借贷案件适用法律若干问题的规定（2020第二次修正）》第十二条规定，借款人或者出借人的借贷行为涉嫌犯罪，或者已经生效的裁判认定构成犯罪，当事

人提起民事诉讼的，民间借贷合同并不当然无效。人民法院应当依据民法典第一百四十四条、第一百四十六条、第一百五十三条、第一百五十四条以及本规定第十三条之规定，认定民间借贷合同的效力。

因此在本案中，合同的效力应当根据是否违反《民法典》的法定无效情形以及规定中的第十三条。在本案当中，合同系双方自愿真实的意思表示，不存在规定中的各种情形，故本案民间借贷合同有效。

⊙ **法律应用**《最高人民法院关于审理民间借贷案件适用法律若干问题的规定（2020第二次修正）》

第十二条　借款人或者出借人的借贷行为涉嫌犯罪，或者已经生效的裁判认定构成犯罪，当事人提起民事诉讼的，民间借贷合同并不当然无效。人民法院应当依据民法典第一百四十四条、第一百四十六条、第一百五十三条、第一百五十四条以及本规定第十三条之规定，认定民间借贷合同的效力。

第十三条　具有下列情形之一的，人民法院应当认定民间借贷合同无效：

（一）套取金融机构贷款转贷的；

（二）以向其他营利法人借贷、向本单位职工集资，或者以向公众非法吸收存款等方式取得的资金转贷的；

（三）未依法取得放贷资格的出借人，以营利为目的向社会不特定对象提供借款的；

（四）出借人事先知道或者应当知道借款人借款用于违法犯罪活动仍然提供借款的；

（五）违反法律、行政法规强制性规定的；

（六）违背公序良俗的。

【案例3-8】借贷合同的法定解除问题。

● 案情介绍 2021年1月10日,龙某因做生意需要流动资金,于是在慕某处借款15万元,双方签订《借款合同》。该《借款合同》约定"一、借款金额为15万元;二、贷款月息为1分,利息按月结算,须在每月10日之前将利息存入甲方(原告)指定账户;三、借款期限为12个月,即2021年1月10日至2022年1月9日止;四、本合同经双方签字后生效,本合同未尽事宜,双方另行达成补充协议,如果为此发生争议,双方诉讼到江津区人民法院裁决"。另龙某以重庆市某房屋作为借款担保。现龙某已超过6个月未按时支付慕某利息,已严重违约。诉前慕某打电话联系被告,但龙某的电话无法接通。慕某遂诉至法院,要求解除双方于2021年1月10日签订的《借款合同》,归还借款15万元并支付借款利息。

● 律师指引 原告慕某与被告龙某之间的民间借贷关系依法成立并生效,龙某应当依照约定还本付息。根据《借款合同》约定,龙某应当于每月10日前向原告支付利息,而其仅支付了1个月的利息便不再履行,且经原告催告后至今仍未履行,截至案件审理时已迟延支付8个月的利息。根据《民法典》第五百六十三条第三款的规定,现慕某请求解除《借款合同》,符合法律规定。

● 法律应用 《民法典》第五百六十三条中有下列情形之一的,当事人可以解除合同:

(一)因不可抗力致使不能实现合同目的;

(二)在履行期限届满前,当事人一方明确表示或者以自己的行为表明不履行主要债务；

（三）当事人一方迟延履行主要债务，经催告后在合理期限内仍未履行；

（四）当事人一方迟延履行债务或者有其他违约行为致使不能实现合同目的；

（五）法律规定的其他情形。

以持续履行的债务为内容的不定期合同，当事人可以随时解除合同，但是应当在合理期限之前通知对方。

第四章 自然人与企业间借款合同纠纷问题

86 企业向其职工借款集资的行为合法吗?

根据《最高人民法院关于审理民间借贷案件适用法律若干问题的规定（2020第二次修正）》第十一条规定，法人或者非法人组织在本单位内部通过借款形式向职工筹集资金，用于本单位生产、经营，且不存在民法典第一百四十四条、第一百四十六条、第一百五十三条、第一百五十四条以及本规定第十三条规定的情形，当事人主张民间借贷合同有效的，人民法院应予支持。即企业在单位内部向职工借款且将资金用于生产经营的行为合法，属于民间借贷，不构成非法集资。非法集资与民间借贷的主要区别之一在于是否向不特定的公众吸收资金。而企业在本单位内部通过借款的形式向特定的职工筹集资金，用于本单位生产经营，不具有合同无效情形，应当认定该民间借贷合同有效。

第四章 自然人与企业间借款合同纠纷问题

87 自然人与企业间借款逾期还款的利息如何计付?

根据《民法典》第六百七十六条的规定,借款人未按照约定的期限返还借款的,应当按照约定或者国家有关规定支付逾期利息。《最高人民法院关于审理民间借贷案件适用法律若干问题的规定(2020第二次修正)》第二十八条关于逾期利息做了如下规定,借贷双方对逾期利率有约定的,从其约定,但是以不超过合同成立时一年期贷款市场报价利率四倍为限。

未约定逾期利率或者约定不明的,人民法院可以区分不同情况处理:(一)既未约定借期内利率,也未约定逾期利率,出借人主张借款人自逾期还款之日起参照当时一年期贷款市场报价利率标准计算的利息承担逾期还款违约责任的,人民法院应予支持;(二)约定了借期内利率但是未约定逾期利率,出借人主张借款人自逾期还款之日起按照借期内利率支付资金占用期间利息的,人民法院应予支持。

88 自然人与企业间借贷双方既约定逾期利息又约定违约金或其他费用如何处理?

《最高人民法院关于审理民间借贷案件适用法律若干问题的规定(2020第二次修正)》第二十九条规定,出借人与借款人既约定了逾期利率,又约定了违约金或者其他费用,出借人可以选择主张逾期利息、违约金或者其他费用,也可以一并主张,但是总计超过合同成立时一年期贷款市场报价利率四倍的部分,人民法院不予支持。

89 借贷关系与投资关系在法律上有何区别?

从本质上讲,民间借贷法律关系是一种债的关系。借贷意味着资金融通,其形成意味着出借人将其所有物转移给了借款人。而投资意味着将货币或其他资产转化为资本,在投资关系下投资主体之间共同出资、共同经营、共担风险、共享收益,并不意味着所有权发生转移,投资者仍然享有一定的支配权、使用权和处分权,并非债权法律关系。两者的主要区别如下。

(1)主体地位

投资关系:投资主体可以直接或者间接参与企业实际经营管理;作为合伙人或者股东享有决策权、利润分配权;履行出资义务;承担出资不足、瑕疵出资的责任。

借贷关系:出借人不参与企业实际经营管理;不承担企业的经营风险,可要求借款企业在约定借款期限内足额返还本金及利息。

(2)资金性质

投资关系:投资标的物除金钱外,还可以有价证券、不动产、土地使用权等出资,出资后成为企业法人财产,仅可通过股权转让、减资、清算等法定程序收回投资款项。

借贷关系:资金属于出借款,借款期限届满后,出借人可要求借款人足额归还本金及利息。

(3)收益目的和性质

投资关系:获得一定经济利益或社会效益。投资者收益由企业利润决定,按照约定比例或投资比例分配利益。

借贷关系:存在无偿民间借贷行为。出借人按照约定的利率取得固定的利息。

（4）风险承担

投资关系：投资者同时享有企业的利益分配权、重大事项决策权，并承担企业的经营风险。

借贷关系：无论企业经营状况如何，出借人有权要求企业按时足额归还借款本金及利息。

90 名为投资实为借贷的合同如何界定？

投资并不是一个法律概念，一般是指一定经济主体为获取预期的收益而将一定财产转化为资本的过程，主要的特点就是投资主体之间共同出资、共同经营，共担风险、共享收益。而借贷则是指借款人向出借人借款，到期返还借款并支付利息的法律关系。在签订协议时，虽然名为投资协议，但约定一方不承担投资经营的风险，且每月收取固定的收益，这种约定方式根据双方的权利义务内容分析，明显符合民间借贷特征，投资实际是借款本金，固定收益实际是借款利息，这种情况下双方形成的应当是借贷关系，因此双方产生纠纷也只能按民间借贷纠纷作为基础法律关系进行处理。投资与借贷主要从以下几个方面进行考虑。

（1）是否有固定的收益

如果出资主体享有固定的回报或收益，不承担经营风险，这与投资中的共担风险、共享收益的特点相背，这种投资属于借贷关系。

（2）是否参与了投资过程中的经营管理

出资主体投资后，无论是入股还是入伙，乙方享有基本的经营决策权、知情权、监督权等参与投资企业的经营管理权，如果不参与上述的管理，则一般为借贷关系。

（3）是否附有担保

如在投资协议上约定本合同项下投资款的担保方式为保证，该种合同约定的内容不符合投资具有风险性的本质特征。

（4）是否履行了法定的出资程序

工商登记一般是法定出资程序的重要一环，出资后其作为股东或合伙人身份会依法进行登记公示，这种履行了法定出资程序的一般是投资关系，如果名为投资，但仅是利用出资人的资金，并没有进行工商登记的，则属于借贷关系。

【案例4-1】企业向公司职员集资的行为属于民间借贷还是非法集资？

▶ 案情介绍 2021年1月22日，甲建第二安装公司以向公司职员集资的方式向史某借款100万元，并向史某出具内部收款收据两张，编号为A0023809的收据载明"收款时间2021年1月22日，收史某某工程内部集资，结算方式12%，金额伍拾万元整"；编号为A0023810的收据载明"收款时间2021年1月22日，摘要收史某某工程内部职工集资，结算方式12%，金额伍拾万元整"。

另外，甲建第二安装工程公司系甲建有限公司的分公司，其不具有独立法人资格。

该甲建第二安装工程公司未按时还款，职工史某将甲建有限公司告上法庭，要求其偿还100万元借款及利息。甲建有限公司辩称：甲建第二安装工程公司与史某之间的借贷行为违反了法律、行政法规强制性规定，应属无效，被告只需返还本金不应支付利息。

第四章 自然人与企业间借款合同纠纷问题

◉ **律师指引** 本案的争议焦点在于借贷合同是否合法？民间借贷是指自然人、法人、其他组织之间及其相互之间进行资金融通的行为，只要不违反法律法规强制性规定，应属有效。法律法规强制性规定是指效力性强制性规定。本案并未违反法律、行政法规强制性规定，合同并不无效。因此本案当中，对于甲建有限公司的抗辩不予认可。

非法集资与民间借贷的主要区别之一在于是否向不特定的公众吸收资金，而企业在本单位内部通过借款的形式向职工筹集资金，用于本单位生产经营，不具有合同无效情形的，应当认定该民间借贷合同有效。

◉ **法律应用** 《民法典》第一百四十三条 具备下列条件的民事法律行为有效：

（一）行为人具有相应的民事行为能力；

（二）意思表示真实；

（三）不违反法律、行政法规的强制性规定，不违背公序良俗。

《最高人民法院关于审理民间借贷案件适用法律若干问题的规定（2020第二次修正）》

第十一条 法人或者非法人组织在本单位内部通过借款形式向职工筹集资金，用于本单位生产、经营，且不存在民法典第一百四十四条、第一百四十六条、第一百五十三条、第一百五十四条以及本规定第十三条规定的情形，当事人主张民间借贷合同有效的，人民法院应予支持。

第十三条 具有下列情形之一，人民法院应当认定民间借贷合同无效：

（一）套取金融机构贷款转贷的；

（二）以向其他营利法人借贷、向本单位职工集资，或者以向公众非法吸收存款等方式取得的资金转贷的；

（三）未依法取得放贷资格的出借人，以营利为目的向社会不特定对象提供借款的；

（四）出借人事先知道或者应当知道借款人借款用于违法犯罪活动仍然提供借款的；

（五）违反法律、行政法规强制性规定的；

（六）违背公序良俗的。

【案例4-2】民间借贷法律关系中借贷双方签订房屋买卖合同作为借贷担保是否合法有效？

○ **案情介绍** 2021年1月，郑某与T公司签订"商品房买卖合同"，约定郑某向T公司购买案涉商铺，价款300万元。后郑某支付了款项，T公司向郑某出具收据，载明收到购房款300万元，双方办理了房屋预售备案登记。

之后，郑某与T公司就上述300万元款项又签订了一份"借款合同"，约定，如T公司未能按期还款，双方另行协商还款时间，T公司每月支付资金占用费15万元；如T公司未按时还清借款，又不按月支付资金占用费，T公司应按"商品房买卖合同"约定协助将案涉商铺登记到郑某名下。

2021年6月，余某与T公司签订"商品房买卖合同"，约定，余某向T公司购买案涉商铺，价款1523.2万元。合同签订后，T公司将该商铺交付余某，并向余某出具收据，载明收到购房款1523.2万元。

余某向北海市中院提起诉讼，请求确认郑某与T公司签订"商品

第四章　自然人与企业间借款合同纠纷问题

房买卖合同"无效；确认余某与T公司签订的"商品房买卖合同"合法有效；T公司协助余某办理案涉商铺房产登记手续。郑某提起反诉，请求确认郑某与T公司签订的"商品房买卖合同"合法有效；T公司将案涉商铺登记到郑某名下，并交付房产。谁的诉求会得到法院的支持？

● **律师指引**　根据《最高人民法院关于审理民间借贷案件适用法律若干问题的规定（2020第二次修正）》第二十三条规定，当事人以订立买卖合同作为民间借贷合同的担保，借款到期后借款人不能还款，出借人请求履行买卖合同的，人民法院应当按照民间借贷法律关系审理。当事人根据法庭审理情况变更诉讼请求的，人民法院应当准许。

郑某主张其与T公司之间存在房屋买卖法律关系，并据此诉请T公司履行"商品房买卖合同"，由其取得讼争商铺的所有权。对此，应当甄别郑某与T公司之间真实的意思表示是为借款行为提供担保，还是通过支付对价获得房屋所有权。从双方签订的"借款合同"的约定看，郑某向T公司支付的300万元实为履行借款合同的出借义务，双方签订的"商品房买卖合同"所约定的商铺，只是用作借款合同的担保物。上述合同约定的内容可以证明，双方的"商品房买卖合同"并非为了实现房屋买卖，真实的意思是作为"借款合同"的担保。简言之，郑某与T公司之间真实法律关系是民间借贷，"商品房买卖合同"只是作为借贷担保的一种方式。

在实践中有些债权人想要"双保险"，于是在签订民间借贷合同时，签订买卖合同作为民间借贷合同的担保。其实这种担保是不牢靠的。以签订买卖合同作为民间借贷合同的担保，不会产生抵押权效力，也无权请求履行买卖合同。当事人欲以不动产为借贷合同设立担保物权的，应按《民法典》规定签订担保合同并办理抵押登记手续，那才是最可靠的担保：不仅债务人无法"逃债"，而且一旦债务人"破产"失去清偿能力，办理了抵押登记的债权人在所有债权人中优先受偿，享有优先受偿权。

◎ **法律应用**《最高人民法院关于审理民间借贷案件适用法律若干问题的规定（2020第二次修正）》第二十三条　当事人以订立买卖合同作为民间借贷合同的担保，借款到期后借款人不能还款，出借人请求履行买卖合同的，人民法院应当按照民间借贷法律关系审理。当事人根据法庭审理情况变更诉讼请求的，人民法院应当准许。

按照民间借贷法律关系审理作出的判决生效后，借款人不履行生效判决确定的金钱债务，出借人可以申请拍卖买卖合同标的物，以偿还债务。就拍卖所得的价款与应偿还借款本息之间的差额，借款人或者出借人有权主张返还或补偿。

【案例 4-3】约定定额收益的《委托投资理财合同》如何定性？

◎ **案情介绍**　2021年1月13日，张某作为委托方（甲方）与某文创公司作为受托方（乙方）签订《委托投资理财合同》，约定甲方委托乙方投资理财，乙方作为甲方的投资代理人将理财资金进行投资运作；理财资金的投资用途、投资范围、投资对象以实际投资为准，甲方授权乙方在合法的范围内独立经营和多种经营；甲方的投资金额为人民币100,000，合同期限为1年，自2021年1月13日至2022年1月12日；甲方每月收益为投资本金的7.6%，收益按月结算，乙方在其投资过程中的盈亏不影响其向甲方履行支付约定收益的义务；在合同履行期间，若乙方代理甲方操作的资金出现亏损，由乙方承担，若甲方擅自违约，乙方不承担亏损赔偿责任；甲方不得干预乙方的操作独立性，不得影响乙方的业务运营；委托期满后，甲方有权将委托资金按合同收回；乙方承担按合同约定每月支付甲方收益及合同到期及时返还委托金的义务。合同第十一条"违约责任"部分约定：如甲方在非合同规定的时间要求提前解除合同，属严重违约行为，委托金不予退回；甲方在资金托管期限内不得撤回托管资金，资金托管满一年可以申请终止合同，但只退还本金的60%，剩余40%视为违约赔偿；乙方单独投资造成失败，由乙方自行承担，甲方不承担任何责任，乙方必须保证甲方收回投资本金。

2021年1月13日，张某通过刷卡的形式向某文创公司支付投资款100,000，某文创分公司于当日为张某出具了收据。此后，某文创公司公向张某支付收益款8笔。但2021年5月26日以后，某文创公司未再向张某支付收益。

⬤ **律师指引** 双方签订的《委托投资理财合同》中明确约定，张某每月获得投资本金7.6%的高额收益，投资过程中的盈亏不影响某文创公司向张某履行支付约定收益的义务，如出现亏损，均由某文创公司承担。由此可看出，张某签订《委托投资理财合同》的目的是保证自己收回投资本金并获得收益，故张某与某文创公司之间并非委托理财合同关系，而系民间借贷关系，应受民间借贷相关规定的约束，双方约定的利率（收益）不得违反国家有关限制借款利率的规定。

《最高人民法院关于审理民间借贷案件适用法律若干问题的规定（2020第二次修正）》第二十五条规定，出借人请求借款人按照合同约定利率支付利息的，人民法院应予支持，但是双方约定的利率超过合同成立时一年期贷款市场报价利率四倍的除外。根据该规定，张某仅可向文创公司主张不超过一年期贷款市场报价利率四倍的利息。

🔹 **法律应用** 《最高人民法院关于审理民间借贷案件适用法律若干问题的规定（2020第二次修正）》第二十五条第一款　出借人请求借款人按照合同约定利率支付利息的，人民法院应予支持，但是双方约定的利率超过合同成立时一年期贷款市场报价利率四倍的除外。

【案例 4-4】如何认定名为投资实为借贷的合同？

🔹 **案情介绍**　2021 年 1 月 25 日，郭某（甲方）与 A 公司（乙方）签订《合作协议》，主要约定如下。一、合作事项：因乙方在开发建设西双版纳某项目过程中资金短缺，所以乙方特邀请甲方投资联合开发建设该项目。二、投资金额及时间：甲方投资额为 4000 万元，甲方分三次投资，第一次于 2021 年 2 月 2 日投资 2000 万元，第二次于 2021 年 3 月 2 日投资 1000 万元，第三次于 2021 年 4 月 2 日投资 1000 万元。三、双方约定：由于甲方是中途进入合伙，所以甲方不承担乙方及该项目公司所有的债权债务及法律责任。甲方只派专人监管账目，不承担其他任何法律责任。四、收回投资及回报：从甲方投资之日起第一年期满，乙方支付本金和投资回报共计 5000 万元给甲方。第二年期满乙方支付投资回报 3000 万元给甲方。五、担保方式：以上投资款和投资回报共计 8000 万元，到期不能按时退还和支付的，乙方以 A 公司 40% 的股权和西双版纳该项目总资产的 40% 作为抵押担保，若甲方需要购买或保留该项目的资产，只按市场价的 70% 计算。

提供资金之后 A 公司未按照约定还款，郭某遂诉至法院，主张其与 A 公司于 2021 年 1 月 25 日签订的《合作协议》并无双方共同投资、共担风险、共享利润的约定，郭某未实际参与经营管理，协议第五条担保方式约定的内容实质是 A 公司为本案借款提供担保，充分说明郭某与 A 公司以借款 4000 万元为合同目的。根据《合作协议》第四条的约定，本案中，借款期限为贰年，借款年利率为 50%，已超出法律规定，郭某依据《最高人民法院关于审理民间借贷案件适用法律若干问题的规定（2020 第二次修正）》第二十五条的规定，将双方约定的借款年利率调整为 4 倍 LPR。综上认为，双方之间建立的是民间借贷关系，郭某已按约履行了提供借款的义务，A 公司应当承担还本付息的义务。

● **律师指引** 关于郭某和 A 公司是否建立真实的民间借贷关系的问题。首先，郭某和 A 公司订立的《合作协议》第三条约定由于郭某是中途进入合伙，所以不承担 A 公司及西双版纳某项目的债权债务；郭某只派专人监管账目，不承担其他任何法律责任。第四条约定从郭某投资之日起第一年期满，A 公司支付本金和投资回报共计 5000 万元给郭某。第二年期满 A 公司支付投资回报 3000 万元。根据该约定，郭某仅是将款项投入 A 公司，到期收回固定投资回报，而不参与西双版纳该项目的经营，也不承担该项目亏损风险和其他法律责任，故郭某和 A 公司实质是建立了民间借贷法律关系。

如前所述，双方签订的《合作协议》名为投资，实为借贷，故《合作协议》约定的投资回报即为利息。根据约定，借款期限为两年，利息为 4000 万元，年利率实为 50%。根据《最高人民法院关于审理民间借贷案件适用法律若干问题的规定（2020 第二次修正）》第二十五条规定，出借人请求借款人按照合同约定利率支付利息的，人民法院应予支持，但是双方约定的利率超过合同成立时一年期贷款市场报价利率四倍的除外，双方约定的年利率 50% 已超过了 4 倍 LPR，故郭某仅能要求 A 公司按 4 倍 LPR 向其支付利息的诉讼请求。

◉ **法律应用**《民法典》第六百六十七条 借款合同是借款人向贷款人借款，到期返还借款并支付利息的合同。

《最高人民法院关于审理民间借贷案件适用法律若干问题的规定（2020 第二次修正）》第二十五条第一款 出借人请求借款人按照合同约定利率支付利息的，人民法院应予支持，但是双方约定的利率超过合同成立时一年期贷款市场报价利率四倍的除外。

第五章 企业间借款合同纠纷问题

第一节 企业间借款合同基本问题

91 企业间借款必须签订书面合同吗？

我国《民法典》第六百六十八条规定，借款合同应当采用书面形式，但是自然人之间借款另有约定的除外。由此可见，除自然人间借款可以另有约定外，其他主体间的借款应采取书面形式，签订书面借款合同。

92 企业间借款合同是合法有效的吗？

根据《最高人民法院关于审理民间借贷案件适用法律若干问题的规定（2020第二次修正）》第十条规定，法人之间、非法人组织之间以及它们相互之间为生产、经营需要订立的民间借贷合同，除存在民法典第一百四十六条、第一百五十三条、第一百五十四条以及本规定

第十三条规定的情形外，当事人主张民间借贷合同有效的，人民法院应予支持。

第十一条及第十三条规定，企业之间的借贷合同是否有效应当重点审查出借资金的来源以及借款用途。即便案涉借款合同真实且已实际履行，如果出借资金的来源并非出借人自有资金，或者债务人借款后并非用于正常生产、经营而是转贷牟利，借款合同亦可能因违反法律规定而无效。

93 企业间借款合同何时生效？

除自然人之间的借款合同外，民间借贷合同自合同成立时生效，但当事人另有约定或者法律、行政法规另有规定的除外。

94 企业间借款合同被认定无效后怎么办？

企业间借款合同被认定无效后，对涉及的借款本金、利息损失等可做如下处理。

（1）对借贷本金的处理：借贷本金作为无效借贷合同的标的物，必须全额返还给出借方，而不适用损害赔偿予以替代。

（2）对利息损失的处理：实体处理时可判令借款人赔偿相应的银行利息损失。至于相应的银行利息损失的范围，应不高于同期贷款基准利率水平，具体根据个案情况裁量。

第二节 利息、利率

95 企业间借款没有约定利息或利息约定不明的，应如何处理？

未约定利息的，根据《最高人民法院关于审理民间借贷案件适用法律若干问题的规定（2020第二次修正）》第二十四条款规定，借贷双方没有约定利息，出借人主张支付借期内利息的，人民法院不予支持。

约定利息不明的，除自然人之间借贷的外，借贷双方对借贷利息约定不明，出借人主张利息的，人民法院应当结合民间借贷合同的内容，并根据当地或者当事人的交易方式、交易习惯、市场利率等因素确定利息。

96 企业间借款合同，借款人提前还款如何计算利息？

《最高人民法院关于审理民间借贷案件适用法律若干问题的规定（2020第二次修正）》第三十条规定，借款人可以提前偿还借款，但当事人另有约定的除外。借款人提前偿还借款并主张按照实际借款期间计算利息的，人民法院应予支持。

97 企业间的借款对利率有限制吗？

《最高人民法院关于审理民间借贷案件适用法律若干问题的规定（2020第二次修正）》第二十五条规定，出借人请求借款人按照合同约定利率支付利息的，人民法院应予支持，但是双方约定的利率超过合同成立时一年期贷款市场报价利率四倍的除外。

前款所称"一年期贷款市场报价利率"，是指中国人民银行授权全国银行间同业拆借中心自2019年8月20日起每月发布的一年期贷款市场报价利率。

98 企业间借款出借人可以预先在借款本金中扣除利息吗？

《民法典》规定借款的利息不得预先在本金中扣除。利息预先在本金中扣除的，应当按照实际借款数额返还借款并计算利息。《最高人民法院关于审理民间借贷案件适用法律若干问题的规定（2020第二次修正）》第二十六条规定，借据、收据、欠条等债权凭证载明的借款金额，一般认定为本金。预先在本金中扣除利息的，人民法院应当将实际出借的金额认定为本金。

我们可以得知，《民法典》为了保护借款人的利益做出了这样的规定，借款利息不得预先扣除，否则实际上我们拿到手里的钱不足额的话，相当于我们多支付了利息，因此法律规定，预先扣除利息的话，按照实际借款数额还款并支付利息。

99 企业间借款借贷双方约定复利是否有效？

复利是出借人将应得的利息加入本金再计算利息，俗称"息加息"、"利滚利"。以复利计算的利息显然高于单利。实践中这类情况比较常见，按照《最高人民法院关于审理民间借贷案件适用法律若干问题的规定（2020第二次修正）》第二十七条的规定，借贷双方对前期借款本息结算后将利息计入后期借款本金并重新出具债权凭证，如果前期利率没有超过合同成立时一年期贷款市场报价利率四倍，重新出具的债权凭证载明的金额可认定为后期借款本金。超过部分的利息，不应认定为后期借款本金。

按前款计算，借款人在借款期间届满后应当支付的本息之和，超过以最初借款本金与以最初借款本金为基数、以合同成立时一年期贷款市场报价利率四倍计算的整个借款期间的利息之和的，人民法院不予支持。

这一规定说明，双方当事人在借贷发生时自愿约定复利，且在最后还本付息时，复利没有超过法定最高限度的，应当予以准许。

100 企业间借款借贷双方既约定逾期利息又约定违约金或其他费用如何处理？

《最高人民法院关于审理民间借贷案件适用法律若干问题的规定（2020第二次修正）》第二十九条规定，出借人与借款人既约定了逾期利率，又约定了违约金或者其他费用，出借人可以选择主张逾期利息、违约金或者其他费用，也可以一并主张，但是总计超过合同成立时一年期贷款市场报价利率四倍的部分，人民法院不予支持。

101 企业间未约定利息，借款人自愿支付或自愿支付超过上限利息如何处理？

没有约定利息但借款人自愿支付，或者超过约定的利率自愿支付利息或违约金，且没有损害国家、集体和第三人利益，借款人又以不当得利为由要求出借人返还的，人民法院不予支持。

第三节　职业放贷人

102 什么是职业放贷人？

未依法取得放贷资格的以民间借贷为业的法人，以及以民间借贷为业的非法人组织或者自然人从事的民间借贷行为，同一出借人在一定期间多次反复从事有偿民间借贷行为的，一般可以认定为是职业放贷人。

103 职业放贷人从事的民间借贷行为是否有效？

职业放贷人从事的民间借贷行为，应当依法认定无效。

第四节　"刑民"交叉

104 人民法院立案后，发现借贷行为涉嫌非法集资，如何处理？

《最高人民法院关于审理民间借贷案件适用法律若干问题的规定（2020第二次修正）》第五条规定，人民法院立案后，发现民间借贷行为本身涉嫌非法集资等犯罪的，应当裁定驳回起诉，并将涉嫌非法集资等犯罪的线索、材料移送公安或者检察机关。

公安或者检察机关不予立案，或者立案侦查后撤销案件，或者检察机关作出不起诉决定，或者经人民法院生效判决认定不构成非法集资等犯罪，当事人又以同一事实向人民法院提起诉讼的，人民法院应予受理。

105 借款人涉嫌犯罪或被认为有罪，能否起诉担保人？

《最高人民法院关于审理民间借贷案件适用法律若干问题的规定（2020第二次修正）》第八条规定，借款人涉嫌犯罪或者生效判决认定其有罪，出借人起诉请求担保人承担民事责任的，人民法院应予受理。

106 "刑民"交叉案件主合同效力及担保人责任如何承担？

《最高人民法院关于审理民间借贷案件适用法律若干问题的规定（2020第二次修正）》第十二条规定，借款人或者出借人的借贷行为涉嫌犯罪，或者已经生效的裁判认定构成犯罪，当事人提起民事诉讼的，民间借贷合同并不当然无效。人民法院应当依据《民法典》第一百四十四条、第一百四十六条、第一百五十三条、第一百五十四条以及本规定第十三条之规定，认定民间借贷合同的效力。担保人以借款人或者出借人的借贷行为涉嫌犯罪或者已经生效的裁判认定构成犯罪为由，主张不承担民事责任的，人民法院应当依据民间借贷合同与担保合同的效力、当事人的过错程度，依法确定担保人的民事责任。

在该条中，明确了借款人或者出借人的借贷行为涉嫌犯罪，或者已经生效的判决认定构成犯罪，当事人提起民事诉讼的，民间借贷合同并不当然无效。对于担保人，由法院根据民间借贷合同与担保合同的效力、当事人的过错程度，依法确定担保人的民事责任。

⑩⑦ 出借人缺席审理导致无法查清案件主要事实的，如何处理？

《最高人民法院关于审理民间借贷案件适用法律若干问题的规定（2020第二次修正）》第十七条规定，依据《最高人民法院关于适用〈中华人民共和国民事诉讼法〉的解释》第一百七十四条第二款之规定，负有举证责任的原告无正当理由拒不到庭，经审查现有证据无法确认借贷行为、借贷金额、支付方式等案件主要事实的，人民法院对原告主张的事实不予认定。

⑩⑧ 借款合同与买卖合同混同（让与担保），如何处理？

《最高人民法院关于审理民间借贷案件适用法律若干问题的规定（2020第二次修正）》第二十三条规定，当事人以订立买卖合同作为民间借贷合同的担保，借款到期后借款人不能还款，出借人请求履行买卖合同的，人民法院应当按照民间借贷法律关系审理。当事人根据法庭审理情况变更诉讼请求的，人民法院应当准许。按照民间借贷法律关系审理作出的判决生效后，借款人不履行生效判决确定的金钱债务，出借人可以申请拍卖买卖合同标的物，以偿还债务。就拍卖所得的价款与应偿还借款本息之间的差额，借款人或者出借人有权主张返还或者补偿。

# 第五章 企业间借款合同纠纷问题

109 关于借款合同的强制执行公证？

签署借款合同时，在合同中约定对借款合同进行强制执行公证，当借款人不履行还款义务时，出借人可以不经法院审判，直接向有管辖权的人民法院申请执行。

【案例 5-1】企业之间的借款基础纠纷问题。

➡ 案情介绍　D 公司因生产经营需要资金向 M 公司借款，2021 年 1 月 3 日，M 公司与 D 公司签订了一份《借款协议》，约定 M 公司向 D 公司提供借款 50 万元，借款期间为 90 天，借款开始时间自 M 公司向 D 公司转账提供借款之日起计算。年利率为 24%，利息自 M 公司从银行转出借款之日起计算，D 公司分别于收到借款本金的第一天、第三十一天及第六十一天，分三次以现金方式向 M 公司支付借款利息，每次支付 1 万元，共计 3 万元。M 公司有权按本协议向 D 公司收取借款本金、利息和 D 公司应承担的其他费用。D 公司未按约定期限归还借款本金或支付利息的，自违约之日起，未支付金额按年利率 30% 向 M 公司支付利息，直至借款全部清偿之日止，同时 D 公司还应赔偿 M 公司因此所受到的损失。

因 D 公司违约致使 M 公司采取诉讼方式实现债权的，D 公司应承担 M 公司因此支出的律师费、差旅费等 M 公司为实现债权而支出的费用。陈某同意以个人资产为 D 公司向 M 公司提供担保，以确保 M 公司对 D 公司所拥有的权利得以实现，D 公司未按约定向 M 公司履行义务的，陈某以连带责任保证的方式向 M 公司承担保证责任。陈某承担保证责任的期限为 D 公司对 M 公司所负义务的履行期限届满后 2 年。

M公司在协议乙方落款处盖章，D公司在协议甲方落款处盖章，陈某在协议丙方落款处签名并捺印。

2021年1月30日，M公司将借款50万元转账至D公司账户。《借款协议》约定的借款期限已届满，D公司未依约按时支付M公司全部借款，尚欠M公司借款50万元，故M公司诉至法院，提出诉讼请求：1.D公司归还M公司借款本金50万元；2.D公司偿付M公司借款期间内的利息3万元（以50万元为基数，按约定的年利率24%计算，从2021年1月30日计算至2021年4月30日，三个月利息共计3万元）；3.D公司偿付M公司逾期还款期间的利息12万元（利息以50万元为基数，按年利率24%计算，从2021年5月1日起开始计付，要求计算至付清借款之日止）；4.D公司赔偿M公司的律师代理费29000元；以上1~4项合计679000元；5.陈某对被告D公司所负上述债务承担连带责任；6.本案诉讼费用由D公司和陈某共同承担。

◆ **律师指引** 本案的基本问题为M公司与D公司签订的《借款协议》是否合法有效？M公司要求D公司支付利息有何依据？利息如何计算？律师费是否支持？被告陈某应否对被告D公司的上述债务承担连带清偿责任？

M公司与被告D公司均为公司法人，根据《最高人民法院关于审理民间借贷案件适用法律若干问题的规定（2020第二次修正）》第十条规定，法人之间、非法人组织之间以及它们相互之间为生产、经营需要订立的民间借贷合同，除存在《民法典》第一百四十六条、第一百五十三条、第一百五十四条以及本规定第十三条规定的情形外，当事人主张民间借贷合同有效的，人民法院应予支持。

第五章 企业间借款合同纠纷问题

D公司因生产经营需要资金向M公司借款,现主张《借款协议》无效,但未提供证据证明存在《民法典》第一百四十六条、第一百五十三条、第一百五十四条以及本规定第十三条规定的情形,故双方签订的《借款协议》合法有效。D公司于2014年10月30日收到50万元借款后未偿还M公司任何款项,故D公司尚欠M公司借款本金50万元及相应利息(利息的计算方式为:以本金50万元为基数,按年利率24%计算,自2014年10月30日起计至被告D公司还清借款之日止)。

关于律师费应否支付的问题。因D公司违约,M公司为实现债权,聘请律师代理本案诉讼,M公司要求D公司支付律师代理费29000元,符合合同约定,但M公司同时应当提供律师费发票证实该费用已实际发生,法院才能支持该诉讼请求。

关于陈某应否对被告D公司的上述债务承担连带清偿责任的问题,为本案借款,陈某向M公司提供了连带责任保证担保。因合同约定保证期间为主合同约定的债务履行期限届满之日起二年,故保证期间尚未届满。D公司未按时足额偿还到期的借款本金及利息,M公司在保证期间内要求被告陈某对被告D公司的债务承担连带保证责任,符合合同约定及法律规定,法院予以支持。根据《民法典》第七百条规定,保证人承担保证责任后,除当事人另有约定外,有权在其承担保证责任的范围内向债务人追偿,享有债权人对债务人的权利,但是不得损害债权人的利益,被告陈某在承担保证责任后,有权向被告D公司追偿。

🔸 **法律应用** 《最高人民法院关于审理民间借贷案件适用法律若干问题的规定(2020第二次修正)》第十条 法人之间、非法人组织之间以及它们相互之间为生产、经营需要订立的民间借贷合同，除存在民法典第一百四十六条、第一百五十三条、第一百五十四条以及本规定第十三条规定的情形外，当事人主张民间借贷合同有效的，人民法院应予支持。

《民法典》第七百条 保证人承担保证责任后，除当事人另有约定外，有权在其承担保证责任的范围内向债务人追偿，享有债权人对债务人的权利，但是不得损害债权人的利益。

【案例 5-2】企业通过网络平台发放贷款如何认定？

▶ **案情介绍** Q贷网络平台是由Q公司创建并运营的网络服务平台，向注册会员提供出借与借款中介服务。2021年1月21日，甲公司与Q公司签订《借款服务合同》，双方对甲公司自愿通过Q贷发布借款需求达成一致。同日，甲公司通过Q贷与乙公司签订了《借款及担保协议》，协议约定出借人为乙公司，借款人为甲公司，担保人为万某、石某，同时甲公司、万某、石某还与Q贷公司、河北XX非融资性担保有限公司（以下简称H公司）签订了《服务协议》，按照《借款服务合同》和《服务协议》的约定，进一步约定了三方的权利、义务、责任等。由万某、石某向乙公司出具担保函：被担保的主债权为借款人在Q贷发生的全部借款标的及因借款产生的本金、利息、违约金及催缴欠款可能产生的各项费用的总额。担保方式为连带责任保证及抵押担保。保证期间自借款人与Q贷签订《借款服务合同》生效之日起，至借款人在Q贷发生任一协议中约定的应付款项全部支付完毕止。

2021年2月15日，乙公司与甲公司、万某、石某通过网络在线

第五章　企业间借款合同纠纷问题

点击方式确认接受《借款及担保协议》，约定甲公司向乙公司分别借款143000元、130900元，还向薛某借款3300元、向张某借款8800元，利率均为4.25%/180天，借款期限均为180天，自2021年2月15日（借款日）起，至2021年8月14日（到期还款日）止，须在到期还款日21点前一次性付清本息分别为149077.50元、136463.25元、3440.25元、9174.00元。《借款及担保协议》第一条第十三项约定："本协议部分内容被有管辖权的法院认定为无效的，不因此影响其他内容的效力"。同年3月5日，甲公司又以上述相同方式，向乙公司分别借款两笔各143000元，利率均为4.25%/180天，借款期限均为180天，自2021年3月5日（借款日）起，至2021年9月3日（到期还款日）止，须在到期还款日21点前一次性付清本息分别为149077.50元。2021年1月15日、3月5日，乙公司通过甲公司开设在D公司的账户，在扣除服务费及履约保证金后履行了借款支付义务，甲公司实际两次提现金额各为24万元。借款期限届满后，乙公司对薛某、张某的两笔借款进行了受让，并通过万某的手机发送了债权转让通知，后甲公司未清偿上述所借款项及利息。Q公司遂将甲公司与各担保人告上法庭。

附：乙公司的经营范围包括以自有资金对批发零售业、租赁和商业服务业、住宿和餐饮业、制造业、建筑业、信息传输、计算机服务和软件业、交通运输、仓储和邮政业、文化、体育和娱乐业企业进行投资（依法须经批准的项目，经相关部门批准后方可开展经营活动）。

● **律师指引**　在本案中，首先应当关注的是《借款及担保协议》的效力问题。从乙公司提供的出借记录来看，乙公司通过Q贷网络平台多次出借资金，交易对象众多，金额巨大，可以认定乙公司向不特定的社会公众发放贷款，其行为性质属于金融活动，而金融活动属于国家特许经营的范围，但乙公司营业执照登记的经营范围并未包括金融活动。根据《中华人民共和国商业银行法》第十一条规定，设立商业银行，应当经国务院银行业监督管理机构审查批准。未经国务院银行业监督管理机构批准，任何单位和个人不得从事吸收公众存款等商业银行业务，任何单位不得在名称中使用"银行"字样……《中华人民共和国银行业监督管理法》第十九条规定，未经国务院银行业监督管理机构批准，任何单位或者个人不得设立银行业金融机构或者从事银行业金融机构的业务活动。虽然《最高人民法院关于审理民间借贷案件适用法律若干问题的规定（2020第二次修正）》将企业纳入民间借贷的主体范围，但非金融企业对外放贷依然受到法律的严格限制。该司法解释第十条规定，法人之间、非法人组织之间以及它们相互之间为生产、经营需要订立的民间借贷合同，除存在《民法典》第一百四十六条、第一百五十三条、第一百五十四条以及本规定第十三条规定的情形外，当事人主张民间借贷合同有效的，人民法院应予支持。因此乙公司未经批准从事金融活动，未依法取得经营放贷业务资质，其发放借款的行为违反了法律强制性规定，故乙公司与甲公司之间签订的《借款及担保协议》中的借款合同部分依法应认定无效。

本案乙公司发放借款的行为无效，根据《民法典》第六百八十二条规定，保证合同是主债权债务合同的从合同。主债权债务合同无效的，保证合同无效，但是法律另有规定的除外。保证合同被确认无效后，债务人、保证人、债权人有过错的，应当根据其过错各自承担相应的民事责任。因此，由于借款合同无效，作为从合同的担保合同也无效，万某、石某对甲公司的债务无须承担连带保证责任，但可能会承担过错赔偿责任。

关于甲公司应如何向乙公司承担责任的问题。根据《民法典》第

第五章 企业间借款合同纠纷问题

一百五十七条规定，民事法律行为无效、被撤销或者确定不发生效力后，行为人因该行为取得的财产，应当予以返还；不能返还或者没有必要返还的，应当折价补偿。有过错的一方应当赔偿对方由此所受到的损失；各方都有过错的，应当各自承担相应的责任。法律另有规定的，依照其规定。结合本案实际，甲公司应向乙公司返还因无效发放贷款行为取得的财产。从本案情况来看，甲公司通过Q贷平台向乙公司及其他若干个人借款，借款到期后，若干个人又将债权转让给乙公司，乙公司现为本案的最终债权人，且甲公司实际只取得48万元，故其只应向乙公司返还48万元及该款的资金占用费。至于资金占用费的计付标准，根据公平和诚实信用原则，从借款实际发放之日起至清偿完毕之日止，按中国人民银行规定的同期同类贷款基准利率计算为宜。

▶ **法律应用**《中华人民共和国商业银行法》第十一条 设立商业银行，应当经国务院银行业监督管理机构审查批准。

未经国务院银行业监督管理机构批准，任何单位和个人不得从事吸收公众存款等商业银行业务，任何单位不得在名称中使用"银行"字样。

《中华人民共和国银行业监督管理法》第十九条 未经国务院银行业监督管理机构批准，任何单位或者个人不得设立银行业金融机构或者从事银行业金融机构的业务活动。

《民法典》第一百五十七条 民事法律行为无效、被撤销或者确定不发生效力后，行为人因该行为取得的财产，应当予以返还；不能返还或者没有必要返还的，应当折价补偿。有过错的一方应当赔偿对方由此所受到的损失；各方都有过错的，应当各自承担相应的责任。法律另有规定的，依照其规定。

【案例5-3】委托贷款合同的认定问题。

🔵 **案情介绍** 2021年1月8日，A投资集团、甲公司、某支行签订《委托贷款合同》，约定A投资集团委托某支行向甲公司发放委托贷款，金额为2.8亿元，借款期限为6个月，从2021年1月9日至2021年7月8日，借款期限起始日与贷款转存凭证不一致时，以贷款转存凭证为准，借款期限随之顺延；贷款利率为年息13%，按半年结息，结息日为每月的第20日；甲公司不能按期支付的利息及贷款挪用或逾期期间不能按期支付的利息，均按中国人民银行的规定计收复利；甲公司不能按合同规定归还借款本息，逾期部分在合同原定利率基础上加收日万分之三罚息；甲公司应承担与合同有关的律师服务、保险、评估、登记等费用等。同日，A投资集团与某大厦签订《抵押合同》，约定某大厦以其合法拥有的位于B市某建筑房产及该房产附属的土地为前述合同项下甲公司的全部债务提供抵押担保，担保范围包括借款本金、利息、罚息、复利、违约金、损害赔偿金、实现债权的费用（包括但不限于诉讼费、律师费等）和其他所有应付费用。双方办理了抵押登记，A投资集团取得某房屋他项权证及某土地他项权利证明书。2021年1月8日，A投资集团通过某支行向甲公司发放贷款2.8亿元。

前述借款到期后，甲公司未依约归还借款本息。2021年7月25日，A投资集团分别向甲公司、某大厦发出《催款通知书》《关于要求承担担保责任的函》，要求双方分别承担还款和担保责任。

🔵 **律师指引** 根据中国人民银行《贷款通则》第七条规定，委托贷款系指由政府部门、企事业单位及个人等委托人提供资金，由贷款人（即受托人）根据委托人确定的贷款对象、用途、金额期限、利率等代为发放、监督使用并协助收回的贷款；贷款人（受托人）只收取手续费，不承担贷款风险。案涉《委托贷款合同》约定 A 投资集团根据甲公司业务需要和借款申请，同意并委托某支行向甲公司发放委托贷款，属于委托贷款业务。该合同系当事人真实意思表示，亦不违反规定，应为有效。从本案情况看，虽案涉合同系委托贷款业务，但款项的借贷实际发生在 A 投资集团与甲公司之间，系民间借贷关系，二者之间的利息、逾期利息、违约金等事项应受有关民间借贷法律规则的相应规制，某支行只是以受托人身份代为从事放贷业务，其行为的法律后果亦应由委托人 A 投资集团承担，故 A 投资集团与甲公司之间的利率不应超过 4 倍 LPR 的民间借贷标准。

◐ **法律应用**《贷款通则》第七条第三款 委托贷款，系指由政府部门、企事业单位及个人等委托人提供资金，由贷款人（即受托人）根据委托人确定的贷款对象、用途、金额期限、利率等代为发放、监督使用并协助收回的贷款。贷款人（受托人）只收取手续费，不承担贷款风险。

《民法典》第一百四十三条 具备下列条件的民事法律行为有效：
（一）行为人具有相应的民事行为能力；
（二）意思表示真实；
（三）不违反法律、行政法规的强制性规定，不违背公序良俗。

【案例 5-4】以承兑汇票为交付标的的借款合同。

◐ **案情介绍** 华 X 公司于 2013 年 9 月 12 日经工商行政管理部门核准成立，经营范围为钢材、水泥、五金、建材销售。甲公司因缺少周转资金向华X公司借款。2014年1月26日，出借方华X公司同借款方甲公司、保证人王某、抵押人张某经协商签订一份《借款合同》，约定甲公司向华X公司借款400万元；借款期限为1个月，自2014年1月26日起至2014年2月26日止；付款方式为银行承兑汇票；借款利息为月利率2％；本合同项下的全部债务由保证人王某向出借方提供担保，借款人到期不能还本付息，则由保证人王某返还本金、利息；本合同项下的借款人的全部债务由张某以其房产提供抵押担保，借款人到期不能还本付息，则抵押担保方全权委托出借人处置担保方的抵押房产；出借人有权选择担保方任何一方还款或共同还款；本合同经出借人、借款人、保证人、抵押人签字后生效，一式四份，出借人、借款人、保证人、抵押人各执一份。合同订立当日，华X公司将一张出票人为某股份有限公司、收款人为华X公司、出票金额为400万元、被背书人处加盖了华X公司财务章及经办人李某、雷某印章的银行承兑汇票交付给甲公司。次日，甲公司向华X公司出具了委托收款证明，委托华X公司代办汇票贴现事宜，并将贴现款384万元汇入指定银行账户，贴息16万元由其自行承担。华X公司根据甲公司的委托代办上述汇票贴现事宜后，甲公司于2014年1月27日向华X公司出具了收据，言明收到其400万元。甲公司于借款后仅返还了100万元本金，并未支付利息，故华X公司将其诉至法庭。但甲公司辩称，华X公司的借款行为违反了《中华人民共和国票据法》的有关规定，票据不能用于出借，华X公司应用自有资金进行出借，其利用银行贴现方式进行出借款项违反法律规定。因此，借款合同无效。

● **律师指引** 关于案涉借款合同效力问题。涉及企业之间借贷应当区别认定不同借贷行为的性质与效力，《最高人民法院关于审理

第五章 企业间借款合同纠纷问题

民间借贷案件适用法律若干问题的规定（2020第二次修正）》第十一条规定，法人或者非法人组织在本单位内部通过借款形式向职工筹集资金，用于本单位生产、经营，且不存在民法典第一百四十四条、第一百四十六条、第一百五十三条、第一百五十四条以及本规定第十三条规定的情形，当事人主张民间借贷合同有效的，人民法院应予支持。前述规定第十三条规定的民间借贷合同无效的情形有"（一）套取金融机构贷款转贷的；（二）以向其他营利法人借贷、向本单位职工集资，或者以向公众非法吸收存款等方式取得的资金转贷的；（三）未依法取得放贷资格的出借人，以营利为目的向社会不特定对象提供借款的；（四）出借人事先知道或者应当知道借款人借款用于违法犯罪活动仍然提供借款的；（五）违反法律、行政法规强制性规定的；（六）违背公序良俗的。"

本案中，华X公司与案外人某股份有限公司2013年9月3日签订了一份《钢材采购合同》，该合同条款约定买方可以用全额银行承兑汇票支付货款，华X公司承担一个月承兑贴息费用。合同签订后，华X公司按约供货，某股份有限公司也相应地用承兑汇票支付货款，案涉承兑汇票就是其中一张，华X公司拥有的承兑汇票权利是通过真实的商品交易关系取得的财产权利，并不属于套取金融机构信贷资金又高利转贷给借款人的情形，应当认定案涉出借资金为华X公司自有资金。本案借款双方虽在《借款合同》上约定付款方式是承兑汇票，但实际上华X公司将银行承兑汇票贴现以后的384万元现款汇入乙公司指定的收款人账户，其并非直接将银行承兑汇票作为出借标的交付给乙公司，故双方的借贷行为并未违反《中华人民共和国票据法》的相关规定。综上，本案借贷行为并不符合《最高人民法院关于审理民间借贷案件适用法律若干问题的规定（2020第二次修正）》第十三条的合同无效情形，应认定为合法有效。借款合同中双方约定的借款本金虽为400万元，但华X公司经过背书贴现16万元后实际出借于乙公司资金为384万元，而乙公司在2014年12月26日已向华X公司归还了100万元，故乙公司应向华X公司归还借款本金284元，其中以本金384万元为基数利息自2014年1月27日按照月息为2%计算、以本金284万元为基数利息自2014年12月16日按照月息为2%计算。

⊙ **法律应用** 《最高人民法院关于审理民间借贷案件适用法律若干问题的规定（2020第二次修正）》第十一条 法人或者非法人组织在本单位内部通过借款形式向职工筹集资金，用于本单位生产、经营，且不存在民法典第一百四十四条、第一百四十六条、第一百五十三条、第一百五十四条以及本规定第十三条规定的情形，当事人主张民间借贷合同有效的，人民法院应予支持。

《中华人民共和国票据法》第二十一条 汇票的出票人必须与付款人具有真实的委托付款关系，并且具有支付汇票金额的可靠资金来源。

不得签发无对价的汇票用以骗取银行或者其他票据当事人的资金。

【案例5-5】公司委托员工贷款的认定与裁判问题。

⊙ **案情介绍** 某小额贷款公司与甲公司10名员工分别签订借款合同，共计发放1800万元贷款，由甲公司提供担保。在签订借款合同前，某小额贷款公司对甲公司进行了考察，认为其有保证能力。10名员工收到款项的当日将资金转入甲公司账户，借款利息一直由甲公司支付，后因甲公司经营困难停止支付。某小额贷款公司遂将10名员工与甲公司起诉至法院，要求10名员工承担还款责任，甲公司承担连带保证责任。

第五章 企业间借款合同纠纷问题

你认为谁应当承担偿还责任呢？

◆ **律师指引** 对于本案如何处理，法院的裁判并不一致，有两种观点：第一种观点认为，根据合同相对性原理，应由10名员工承担还款责任，甲公司承担保证责任；第二种观点认为，10名员工的行为构成间接代理，甲公司是实际借款人，应由其承担还款责任。

具体情况具体分析。第一，《民法典》第九百二十五条规定，受托人以自己的名义，在委托人的授权范围内与第三人订立的合同，第三人在订立合同时知道受托人与委托人之间的代理关系的，该合同直接约束委托人和第三人；但是，有确切证据证明该合同只约束受托人和第三人的除外。这就是民法理论中的间接代理，又称隐名代理，是代理人以自己的名义实施法律行为、发生法律关系，代理的后果只能间接归属于被代理人，但第三人知道代理人与被代理人直接存在代理关系的，该法律行为直接约束被代理人和第三人。

具体到本案。首先，甲公司为解决资金周转困难，安排10名员工以个人名义向某小额贷款公司借款1800万元，用于公司经营，并由甲公司偿还相应的借款本金及利息。因此，10名员工系接受甲公司的委托以自己的名义与某小额贷款公司签订的借款合同，10名员工与甲公司之间形成委托借款合同关系。其次，在借款合同履行过程中，某小额贷款公司实际接受了甲公司偿还的利息。由此，可以认定某小额贷款公司在订立合同时对于甲公司委托10名员工向其借款，实际借款人为甲公司的事实是明知的，而且某小额贷款公司未提供确切证据证明案涉借款合同只约束10名员工和某小额贷款公司。综上所述，本案应适用委托关系（间接代理）的法律规定确定责任主体，案涉借款合同应直接约束甲公司和某小额贷款公司，10名员工虽然作为借款人在借款合同、借据等材料上签字,但其系受甲公司的委托所为,法律责任应由委托人甲公司承担。

第二,某小额贷款公司在决定放款之前,对甲公司的工程项目进行了考察,认为甲公司有偿还能力,才决定与10名员工签订借款合同,其并未对10名员工的还款能力进行调查。虽然庭审中,某小额贷款公司一直主张是和10名员工签订的借款合同,但不做尽职调查就放款1800万不符合商业交易习惯,也违背常识。某小额贷款公司既然知道实际借款人为甲公司,就应该承担甲公司不能按时还款的交易风险,这是商业主体在市场活动中必须承担的风险。本案中10名员工并未享受合同利益,也没有偿还过利息,仅是一个间接代理人的角色,如若让10名员工承担合同还款责任,造成了当事人间利益严重失衡,不符合公平原则。

● **法律应用** 《民法典》第九百二十五条 受托人以自己的名义,在委托人的授权范围内与第三人订立的合同,第三人在订立合同时知道受托人与委托人之间的代理关系的,该合同直接约束委托人和第三人;但是,有确切证据证明该合同只约束受托人和第三人的除外。

【案例5-6】"借新还旧"的担保责任应当如何认定?

● **案情介绍** 某行某支行与H公司于2014年1月7日签订《授信协议》及《流动资金借款合同》,于2014年8月15日签订《银行承兑汇票承兑合同》。约定,H公司向某行某支行借款500万元,开具银行承兑汇票800万元(H公司支付50%保证金400万元),期限壹年,并约定了利率、违约责任等事项。同时,某行某支行与周某某(周某某为 T 公司的股东）签订一份《最高额保证合同》。约定：周某某为某行某支行与 H 公司在 2014 年 1 月 7 日至 2014 年 12 月 26 日内签订的所有主合同项下各笔债权（不论币种）提供最高额连带责任保证担保。担保的债权范围包括主合同项下债权本金最高余额人民币 900 万元、利息（包括复利和罚息），以及违约金、赔偿金和 H 公司应向某行某支行支付的其他款项、某行某支行实现债权与担保权利而发生的费用（包括但不限于诉讼费、仲裁费、财产保全费、执行费、律师费等）。合同签订后，某行某支行向 H 公司发放了借款 500 万元，并开出银行承兑汇票 800 万元。

2015 年 12 月 1 日，H 公司向某行某支行提交一份《流动资金借款申请表》，该申请表载明借款币种及金额：人民币壹仟伍佰万元正；借款期限：壹年；借款用途：借新还旧；抵押人全称：甲国际商贸城有限公司。T 公司在担保人意见一栏中签署了"同意"，并加盖了公司印章。法定代表人也签名并加盖了私章。

2015 年 12 月 18 日，某行某支行作为乙方与甲方 H 公司签订《授信协议》及《流动资金借款合同》。《授信协议》约定："乙方向甲方提供 1500 万元的一次性授信额度。授信期间为 12 个月，即从 2015 年 12 月 18 日至 2016 年 12 月 17 日。单项授信：流动资金借款 1500 万元整，期限壹年。"同日，某行某支行向 H 公司发放贷款 1500 万元，H 公司出具《银行借款借据》载明："借款单位名称:H 公司；借款期限：壹年；利率：7.83%；到期日：2016 年 12 月 16 日；借款金额：1500 万元；借款用途：借新还旧"。同日，H 公司向某行某支行归还 2014 年 1 月 7 日签订的《流动资金借款合同》项下的借款本息共 575.056727 万元。1500 万元借款发放后，H 公司自 2015 年 12 月 21 日至 2017 年 3 月 31 日共计归还利息（含复利、罚息）共计 973070.76 元，后未依约还款。截至2017年6月26日H公司尚欠某行某支行借款本金1500万元，利息118.265467万元。各担保人亦未按约清偿。某行某支行遂诉至法院，要求H公司偿还上述债务并由T公司承担保证责任。但T公司认为其对"借新还旧"不知情，不应当承担保证责任。

◆ **律师指引** 理顺本案的时间线：2014年1月7日，H公司与某行某支行签订《流动资金借款合同》，H公司向某行某支行借款500万元。2014年8月15日，H公司与某行某支行签订《银行承兑汇票承兑合同》，H公司向某行某支行交付400万元保证金，取得800万元的银行承兑汇票，即H公司实际向某行某支行借款400万元。根据周某某与某行某支行签订的《最高额保证合同》。周某某对上述900万元借款本息提供了最高额连带责任保证担保。借款到期后，H公司未偿还借款本息，周某某也未履行保证责任。2015年12月18日，某行某支行向H公司发放案涉贷款1500万元，H公司以此借款向某行某支行归还2014年1月7日《流动资金借款合同》项下的借款本息共575.056727万元。随着旧借款的清偿，周某某的保证责任得以免除。可见，周某某是本案借新还旧的直接受益者。在2015年12月1日H公司向某行某支行提交的《流动资金借款申请表》中，借款用途一栏明确标注"借新还旧"。T公司在担保人一栏中签署"同意"，并加盖了公司印章。其法定代表人周某某也签名（章）。故无论是T公司还是周某某，对案涉借款系借新还旧均是明知的。根据《最高人民法院关于适用〈中华人民共和国民法典〉有关担保制度的解释》第三十九条第一款"主合同当事人双方协议以新贷偿还旧贷，除保证人知道或者应当知道的外，保证人不承担民事责任"的规定，T公司应当承担抵押担保责任。

第五章 企业间借款合同纠纷问题

➡ **法律应用** 《最高人民法院关于适用〈中华人民共和国民法典〉有关担保制度的解释》第十六条 主合同当事人协议以新贷偿还旧贷,债权人请求旧贷的担保人承担担保责任的,人民法院不予支持;债权人请求新贷的担保人承担担保责任的,按照下列情形处理:

(一)新贷与旧贷的担保人相同的,人民法院应予支持;

(二)新贷与旧贷的担保人不同,或者旧贷无担保新贷有担保的,人民法院不予支持,但是债权人有证据证明新贷的担保人提供担保时对以新贷偿还旧贷的事实知道或者应当知道的除外。

主合同当事人协议以新贷偿还旧贷,旧贷的物的担保人在登记尚未注销的情形下同意继续为新贷提供担保,在订立新的贷款合同前又以该担保财产为其他债权人设立担保物权,其他债权人主张其担保物权顺位优先于新贷债权人的,人民法院不予支持。

第六章 P2P 网络贷款合同纠纷问题

第一节 P2P 网络贷款

110 什么是 P2P 网络借贷?

P2P 网贷是指个体和个体之间通过互联网平台实现的直接借贷。

111 P2P 网络借贷的主要运营模式是什么?

P2P 网络借贷的主要运营模式有两类,即传统 P2P 模式和债权转让模式。

(1) 在传统 P2P 模式中,网贷平台仅为借贷双方提供信息流通交互、信息价值认定和其他促成交易完成的服务,不实质参与到借贷利益链条之中,借贷双方直接发生债权债务关系,网贷平台则依靠向借贷双方收取一定的手续费维持运营。

（2）债权转让模式能够更好地连接借款者的资金需求和投资者的理财需求，主动地批量化开展业务，而不是被动等待各自匹配，从而实现了规模的快速扩展。它与国内互联网发展尚未普及到小微金融的目标客户群体息息相关，几乎所有2012年以来成立的网贷平台都是债权转让模式。

112 P2P网络借贷中，借款合同何时生效？

《最高人民法院关于审理民间借贷案件适用法律若干问题的规定（2020第二次修正）》第九条规定，以银行转账、网上电子汇款或者通过网络贷款平台等形式支付的，自资金到达借款人账户时，借款合同生效。

113 P2P网络借贷中，电子合同是否具有法律效力？

《民法典》第四百六十九条规定，当事人订立合同，可以采用书面形式、口头形式或者其他形式。书面形式是合同书、信件、电报、电传、传真等可以有形地表现所载内容的形式。以电子数据交换、电子邮件等方式能够有形地表现所载内容，并可以随时调取查用的数据电文，视为书面形式。

综上，P2P网络借贷中，电子合同是具有法律效力的。

114 P2P网络借贷中，电子签章是否具有法律效力？

《中华人民共和国电子签名法》第三条规定，民事活动中的合同或者其他文件、单证等文书，当事人可以约定使用或者不使用电子签名、数据电文。

当事人约定使用电子签名、数据电文的文书，不得仅因为其采用电子签名、数据电文的形式而否定其法律效力。

第四条规定，能够有形地表现所载内容，并可以随时调取查用的数据电文，视为符合法律、法规要求的书面形式。

第十四条规定，可靠的电子签名与手写签名或者盖章具有同等的法律效力。

综上，P2P网络借贷中，电子签章是具有法律效力的。

115 网贷平台是否需要为借款人承担保证责任？

《最高人民法院关于审理非法集资刑事案件具体应用法律若干问题的解释》第二十二条规定，借贷双方通过网络贷款平台形成借贷关系，网络贷款平台的提供者仅提供媒介服务，当事人请求其承担担保责任的，人民法院不予支持。网络贷款平台的提供者通过网页、广告或者其他媒介明示或者有其他证据证明其为借贷提供担保，出借人请求网络贷款平台的提供者承担担保责任的，人民法院应予支持。

简言之，P2P平台无担保责任，主动承诺的除外。这一规定与银监会"平台本身不能提供担保"的规定有些矛盾，我们认为最高人民法院之所以这样规定的原因是基于P2P平台普遍兜底的现状以及维护社会稳定的目的。

第六章　P2P 网络贷款合同纠纷问题

⑯ P2P 网络借贷中，借款人逾期还款有哪些风险？

若借款人违约，平台可能将该用户的有关资料备案在"不良信用记录"，列入全国个人信用评级体系的黑名单（"不良信用记录"数据将为银行、电信、担保公司、人才中心等有关机构提供个人不良信用信息），同时保留对该用户采取法律措施的权利，由此所产生的所有法律后果将由借款人来承担。

【案例 6-1】通过网络平台签订的借贷合同，借款人与借贷平台的责任应如何划分？

◎ **案情介绍**　2016 年 6 月 27 日，黄某通过某科技股份有限公司借贷宝向陈某借款人民币 3500 元，出借人陈某、借款人黄某以及某科技股份有限公司三方签订了《借出协议》，约定借款期限为 2016 年 6 月 27 日至 2016 年 7 月 6 日，年化利率为 24%。借贷日的次日为计息日，还款日的次日为宽限期，宽限期间与借款期间约定的利息标准相同；宽限期的次日为逾期日，逾期利息的标准为年化 24%。且某科技股份有限公司在《借出协议》中表明："某科技股份有限公司拟是依法成立且有效存续的有限责任公司，运营管理借贷宝手机应用程序，为借贷宝平台上的借贷交易提供居间服务。"现该笔借款已逾期，黄某未按照协议履行还款义务，陈某诉至法院，要求判令被告黄某归还本金 3500 元，并支付借款期间、宽限期间以及逾期利息，并判令被告某科技股份有限公司承担连带责任。

◎ **律师指引**　《最高人民法院关于审理民间借贷案件适用法律若

干问题的规定（2020第二次修正）》第二十一条规定，借贷双方通过网络贷款平台形成借贷关系，网络贷款平台的提供者仅提供媒介服务，当事人请求其承担担保责任的，人民法院不予支持。在本案中，某科技股份有限公司的法律地位在《借出协议》中有明确界定，即某科技股份有限公司在整个交易中处于中间人的地位。某科技股份有限公司为出借人和借款人提供中介信息，撮合双方完成交易，协议中并没有约定为该交易提供担保。因此，从法律地位上讲，某科技股份有限公司并非借款合同法律关系的相对方，从实体权利义务上讲，要求某科技股份有限公司承担连带责任也缺乏相应的法律依据。

◉ **法律应用**《最高人民法院关于审理民间借贷案件适用法律若干问题的规定（2020第二次修正）》第二十一条 借贷双方通过网络贷款平台形成借贷关系，网络贷款平台的提供者仅提供媒介服务，当事人请求其承担担保责任的，人民法院不予支持。

网络贷款平台的提供者通过网页、广告或者其他媒介明示或者有其他证据证明其为借贷提供担保，出借人请求网络贷款平台的提供者承担担保责任的，人民法院应予支持。

【案例6-2】"垫付宝"网络借贷问题。

◉ **案情介绍** 垫付宝是由垫XX投资有限公司推出的，由垫XX投资有限公司替买方会员（以下简称用户）向卖方会员（以下简称商户）垫付消费款，再由用户在还款日前偿还垫付款的服务，即垫付宝提供的是垫付消费款的服务。车快X是北京XX科技有限公司创建的一站式汽车服务平台。具体服务内容主要包括为用户提供线上购车、在线预约试驾、维修保养预约、汽车用品电商等服务。如果垫付宝用户与商户同时也是车快X会员,则垫XX投资有限公司可以通过用户与商户的垫付宝账户为双方在车快X上进行的交易提供垫付消费款项的服务。垫XX投资有限公司为用户和商户在车快X的交易垫付消费款的方式为将用户垫付宝账户中等额于消费款金额的垫付宝额度,扣除商户应支付给垫XX投资有限公司及北京XX科技有限公司的服务费后,划入商户的垫付宝账户,商户收到垫付宝额度后既可向垫XX投资有限公司申请提现,又可将收到的垫付宝额度用于消费、理财等。商户申请提现时垫XX投资有限公司将提现金额以银行转账方式付到商户的银行账户中。而用户须将垫XX投资有限公司为其垫付的消费款分成12个月归还垫XX投资有限公司,每个月的还款日前向垫XX投资有限公司归还垫付款。

2017年3月22日,垫XX投资有限公司(甲方)与傅某(乙方)签订《垫付宝(垫付卡)领用合约》,合约中约定,如乙方垫付宝账户任意一笔垫款发生逾期未还款,乙方同意在随后的最近一个还款日前,一次性偿还乙方垫付宝账户所有未到期应还款项,如乙方未如期一次性偿还,则立即构成乙方违约,乙方须按本合约承担三项违约金……

傅某既是垫付宝用户,又是车快X会员,垫XX投资有限公司替傅某在垫付宝商户同时也是车快X会员处的交易垫付消费款及傅某还款情况如下:1. 2017年4月27日,在商户"云南XX汽车销售有限公司"处垫付消费款60,000元(轿车分期),分12期还清,每期5,000元,每月14日为还款日,当前已违约1期;2. 2017年5月9日还款日至今,向垫XX投资有限公司还款15,002.5元。以上垫XX投资有限公司替傅某垫付的消费款项60,000元,当前应还款4期共20,000元,但仅向垫XX投资有限公司还款15,002.5元,尚欠4,997.5元。故垫XX投资有限公司根据《垫付宝（垫付卡）领用合约》的约定，主张：1. 傅某逾期未还清欠款，垫XX投资有限公司有权要求其一次性还清所有未到期应还款项，即全部本金44,997.5元；2. 当月违约金499.75元（欠款额×10%），及按合约约定的延迟履行违约金69.86元（按欠款额的每日千分之一计算至2017年8月24日共逾期15天，并要求计算至实际付清之日止）。以上共计45,567.11元。

> **律师指引** 在本案中，垫XX投资有限公司与傅某签订《垫付宝（垫付卡）领用合约》，约定垫付宝网站会员即本案傅某的授信资格通过垫XX投资有限公司所授权第三方的审查后，垫XX投资有限公司授予傅某一定的垫付宝信用额度，当傅某使用信用额度在指定网络平台用于消费时，由垫XX投资有限公司代傅某直接垫付消费款项给消费方并由垫XX投资有限公司在垫付后取得要求傅某偿还垫付款的债权。

上述约定在本质上属于资金融通行为，实质上属于民间借贷关系。傅某已实际使用款项用于消费，因此双方之间的民间借贷关系已生效，傅某负有依约偿还借款的义务。现傅某未按时履行还款义务，根据合同中的"债务加速到期"的约定，垫XX投资有限公司有权要求傅某一次性偿还所有未到期应还款项。

关于垫XX投资有限公司要求傅某支付当月违约金、迟延履行违约金的诉请，《最高人民法院关于审理民间借贷案件适用法律若干问题的规定（2020第二次修正）》第二十九条规定，出借人与借款人既约定了逾期利率，又约定了违约金或者其他费用，出借人可以选择主张逾期利息、违约金或者其他费用，也可以一并主张，但是总计超过合同成立时一年期贷款市场报价利率四倍的部分，人民法院不予支持。在本案中，双方约定如傅某逾期还款，则傅某应承担当月违约金、迟延履行违约金。因垫XX投资有限公司诉请的当月违约金、迟延履行违约金之和超过了年利率24%，且垫XX投资有限公司已诉请要求傅某一次性偿还全部欠款，故法院在审理本案时并未支持垫XX投资有限公司诉请的违约金，调整为以欠款44,997.5元为基数，按年利率24%计算。

◉ **法律应用** 《民法典》第六百七十九条 自然人之间的借款合同，自贷款人提供借款时生效。

《最高人民法院关于审理民间借贷案件适用法律若干问题的规定（2020第二次修正）》第一条第一款 本规定所称的民间借贷，是指自然人、法人和非法人组织之间进行资金融通的行为。

第二十九条 出借人与借款人既约定了逾期利率，又约定了违约金或者其他费用，出借人可以选择主张逾期利息、违约金或者其他费用，也可以一并主张，但是总计超过合同成立时一年期贷款市场报价利率四倍的部分，人民法院不予支持。

【案例6-3】个人在网络借贷平台贷款后转借他人的纠纷问题。

◉ **案情介绍** 郑某、房某系高中同学关系。2016年初，房某告知郑某其在重庆市某单位工作。当年3月上旬，房某称其家庭积蓄为其父治疗食管癌已所剩无几，请求郑某用学生身份在各网络小额贷款平台贷款后将所贷款项借给房某，并承诺每月按时向平台偿还借款本息。郑某通过与其母亲电话联系，证实其父确实患有癌症。为帮助其解除困境，同时考虑其正在务工，亦有偿还能力，遂答应了房某的借款请求。同年3月21日，郑某从某网络贷款平台借款15000元，在该平台扣除3000元保证金后，实际贷得12000元，随即通过支付宝转账给房某。在同年4、5、6月份偿还了三期借款后,房某称其父需要更多的钱款治疗。要求郑某从某高利贷处借款,将某网络贷款平台借款一次性还清,以在该平台获得更大的贷款额度。

此后至2016年10月,房某借故要求郑某以其在校学生的名义分别向多个网络平台贷款,获得贷款金额共65199元,相应的贷款余额郑某转账支付给了房某。2016年5月27日,房某使用郑某的支付宝账号在某平台购物消费716元;2016年9月14日,郑某微信转账给房某2850元;另外,郑某还通过支付宝转账及微信支付方式给付房某3078元。在郑某持续联系房某要求其按时还款的情况下,至2016年11月,房某仍拒绝偿还借款,并经常联系不上,郑某迫于压力告知了父母,后在家人的帮助下,郑某一次性将所有借款偿还。经核算,郑某为房某在各贷款平台贷款并转账给房某,以及房某拒绝偿还借款利息等造成的损失共计款71843元。郑某将房某告上法庭,要求一次性偿还所有借款及利息。

▶ **律师指引** 在本案中,郑某以在校生身份通过网络平台贷款借给房某,郑某、房某间形成民间借贷关系。根据《民法典》的规定,房某负有按约定向出借人郑某返还的义务,但房某拒绝偿还已属违约。此案属于通过网络平台借贷后又转借他人的民间借贷纠纷,双方的借款合同于郑某向房某提供借款时生效。由于双方未约定还款期间,故房某在收到借款后,负有随时向郑某返还借款的义务,但郑某主张房某返还,应给予房某一定的准备期间。

数万元借款对于大学生来说并不是一笔小数目,且对于金融类新兴事物如网络平台借贷的利弊知之甚少,多平台、高金额的贷款行为会给自己和家人带来不必要的压力和负担。因此,借款需谨慎!

第六章　P2P 网络贷款合同纠纷问题

● 法律应用　《民法典》

第五百一十一条　当事人就有关合同内容约定不明确，依据前条规定仍不能确定的，适用下列规定：

（一）质量要求不明确的，按照强制性国家标准履行；没有强制性国家标准的，按照推荐性国家标准履行；没有推荐性国家标准的，按照行业标准履行；没有国家标准、行业标准的，按照通常标准或者符合合同目的的特定标准履行。

（二）价款或者报酬不明确的，按照订立合同时履行地的市场价格履行；依法应当执行政府定价或者政府指导价的，依照规定履行。

（三）履行地点不明确，给付货币的，在接受货币一方所在地履行；交付不动产的，在不动产所在地履行；其他标的，在履行义务一方所在地履行。

（四）履行期限不明确的，债务人可以随时履行，债权人也可以随时请求履行，但是应当给对方必要的准备时间。

（五）履行方式不明确的，按照有利于实现合同目的的方式履行。

（六）履行费用的负担不明确的，由履行义务一方负担；因债权人原因增加的履行费用，由债权人负担。

第六百七十五条　借款人应当按照约定的期限返还借款。对借款期限没有约定或者约定不明确，依据本法第五百一十条的规定仍不能确定的，借款人可以随时返还；贷款人可以催告借款人在合理期限内返还。

【案例6-4】对于网络借贷平台上的"借款合意"如何认定?

● 案情介绍 张某某系某借贷网的注册会员,于2014年4月8日向该网络平台充值200,000元。2014年11月,徐某根据某借贷网的借贷流程,注册并上传认证资料、申请贷款、视频审核+电审、提现,某借贷网在审核同意了徐某的申请后,于系统内部形成了借款协议和居间协议,并于2014年11月3日由xx支付有限公司客户备付金账户向徐某支付了2,908元,后徐某未向张某某或某借贷网支付任何款项。张某某要求徐某偿还借款及利息,并诉至法院,但一审法院认为,载有包括身份信息、借款金额、借款期限等在内的合同要素的借款协议和居间协议仅在系统内部形成,借款人事先并未看到过这两份协议,其并不知晓合同的相对方是张某某;张某某亦无法证明徐某对合同的一些内容包括管辖约定均已知悉,就现有的证据,加上徐某亦没有到庭对系争借款关系进行追认,无法得出双方有订立借款合同的合意。因此法院无法认定张某某主张的成立了借款关系的事实,驳回了张某某的诉讼请求。

你认为该一审法院的判决合理吗?

● 律师指引 本案是以互联网平台为媒介进行款项借贷的纠纷。张某某作为投资人向某借贷网账户充值,可认为其具有通过某借贷网向不特定主体出借款项的意思,徐某作为借款人在某借贷网上申请贷款,并最终取得款项,可认为徐某具有通过平台向投资人借款的意图。虽然现有证据材料表明,徐某在借款时可能并不知晓出借人的具体信息,但双方均通过其行为彰显了借贷合意。根据居间方某借贷网平台

第六章　P2P网络贷款合同纠纷问题

提供的后台数据,徐某所借款项系由投资人张某某提供。由此,二审法院认为,双方民间借贷法律关系成立,徐某应依约向张某某还款。至于徐某承担债务的范围,根据材料显示,徐某在申请贷款时可以看到的是某借贷网公布的标书,标书内容包括借款本金、借款期限和年利率,被上诉人徐某应当按此约定归还款项,借款期限届满后的逾期利息依法应予支持。

本案发生在互联网平台借贷初期,一审法院以传统民间借贷的思路来理解网络借贷,有失偏颇,但在二审中予以纠正,可看出法院对于该种新兴事物的认识存在一个逐渐深入的过程。借贷方式的多样化也提醒我们"与时俱进",通过现象看本质,更好地维护自身权益。

◆ **法律应用**　《民法典》

第五百零九条第一款　当事人应当按照约定全面履行自己的义务。

第五百七十七条　当事人一方不履行合同义务或者履行合同义务不符合约定的,应当承担继续履行、采取补救措施或者赔偿损失等违约责任。

第六百七十四条　借款人应当按照约定的期限支付利息。对支付利息的期限没有约定或者约定不明确,依据本法第五百一十条的规定仍不能确定,借款期间不满一年的,应当在返还借款时一并支付;借款期间一年以上的,应当在每届满一年时支付,剩余期间不满一年的,应当在返还借款时一并支付。

第六百七十五条　借款人应当按照约定的期限返还借款。对借款期限没有约定或者约定不明确,依据本法第五百一十条的规定仍不能确定的,借款人可以随时返还;贷款人可以催告借款人在合理期限内返还。

【案例 6-5】 网络借贷平台账户剩余投资款的转借处置。

▶ 案情介绍 某商城是某网络科技有限公司开发运营的电商购物及投资平台。江某与杨某系战友关系,经杨某介绍认识黎某并参与某平台的消费返利活动。因江某不懂操作,其在曾某的帮助下在该平台注册了个人实名账户,并于 2017 年 9 月在该平台上投资 130,000 元（提现 40,000 元后,目前还余 90,000 元投资款在其个人账户上）。后因该平台无法正常提现,欲将其某账户移交给杨某、黎某、曾某三人。2017 年 11 月 20 日江某找到杨某、黎某、曾某三人,就其账户剩余投资款,三人分别向其出具了借条,内容为"今借到江某同志人民币叁万元整,期限至 2018 年 2 月 7 日止（事由见江某承诺书）"。三份借条上均注明"此借条征得杨某同意三人负连带责任",三人除分别作为借款人签字外,在其他人出具的借条上亦签字承担担保责任。同日,江某向三人出具承诺书,内容为"本人江某于贰零壹柒年拾壹月贰拾日退出某平台,本人某平台账户交由黎某、曾某、杨某三人管理,本人配合提现,之后所有利润分红与本人无关。其黎某、曾某、杨某三人在贰零壹捌年贰月柒日之前付清借本人款项玖万元整"。2017 年 12 月 7 日,江某与三人达成书面协议,内容为"2017 年 12 月 4 日,江某已交出密码,将其某平台户头交给黎某等人管理,但户名、手机号、银行卡仍是江某本人的,未予更换。江某承诺不再需要该账户,双方在适当时候彻底交接,未移交户头期间江某继续予以配合。黎某等人再次承诺在 2018 年 2 月 7 日前归还全部借款共玖万元整"。但是江某在该平台上的个人账户一直未进行变更。后因杨某未归还该笔借款,江某诉至法庭,要求杨某偿还借款 30,000 元,并由黎某、曾某承担保证责任。

第六章 P2P 网络贷款合同纠纷问题

◉ **律师指引** 判断借贷关系是否成立并生效，应从当事人是否具有借贷合意和出借人是否履行出借义务等方面予以审查。具体到本案中，虽然杨某向江某出具了借款 30,000 元的借条，但双方当事人均认可江某并未将借条中载明的款项交付被告，该款项实际系江某在某平台上的投资款，因江某欲将其账户移交给该三人，故就其剩余的投资款由三人出具了借条。但是江某在某平台上的个人账户一直未进行变更，亦即剩余投资款项仍在江某名下，其并未完成款项交付义务。故江某与杨某之间的借贷关系并未生效。担保合同是主合同的从合同，因主合同未生效，担保合同亦未产生法律效力，江某无权要求曾某、黎某承担连带责任。

◉ **法律应用** 《民法典》第六百七十九条 自然人之间的借款合同，自贷款人提供借款时成立。

《最高人民法院关于审理民间借贷案件适用法律若干问题的规定（2020 第二次修正）》第九条 自然人之间的借款合同具有下列情形之一的，可以视为合同成立：

（一）以现金支付的，自借款人收到借款时；

（二）以银行转账、网上电子汇款等形式支付的，自资金到达借款人账户时；

（三）以票据交付的，自借款人依法取得票据权利时；

（四）出借人将特定资金账户支配权授权给借款人的，自借款人取得对该账户实际支配权时；

（五）出借人以与借款人约定的其他方式提供借款并实际履行完成时。

【案例 6-6】P2P 网络贷款平台中的刑事责任风险问题。

◉ **案情介绍** 2013 年初，周某某以其占股 80％的某文化投资发展有限公司的名义创建了某 P2P 网络平台。周某某在该网络平台上虚构借款人及标的等信息，承诺给予高额回报并进行非法集资，2015 年 5 月至 10 月，周某某共计向 400 余人非法集资计 4493.667621 万元，然后将大部分集资款用于炒股、支付集资参与人的本金及利息和偿还个人债务。2015 年下半年，周某某炒股亏损 2525.0951 万元，导致无法支付集资参与人的本息，但其仍继续非法集资，并用集资款项支付高额利息。2015 年 10 月 14 日，周某某主动到公安机关投案。经司法审计，2015 年 5 月 1 日至 10 月 14 日，周某某向 445 人非法集资计 4493.667621 万元，偿还本息计 2283.97152 万元，无法偿还集资款计 2221.617062 万元（其中未用真实姓名、姓名不详者 17 人，涉及金额计 44970 元）。

◉ **法律应用** 在本案中，该 P2P 网络平台创建人周某某未经国家金融主管部门批准，通过该 P2P 网络平台发布虚假的借款人、借款项目等信息，以支付高额回报为诱饵，非法吸收社会公众的资金。其以非法占有为目的，使用诈骗方法非法集资，数额特别巨大，其行为已构成集资诈骗罪。

网络借贷平台给金融借款活动带来便利的同时也埋下了许多风险，个人在平台进行交易时应当审慎，仔细核实借款项目等具体信息，面对高额回报更应当保持头脑清醒，避免给不法分子可乘之机。

◉ **法律应用** 《中华人民共和国刑法》第一百九十二条第一款 以

非法占有为目的,使用诈骗方法非法集资,数额较大的,处三年以上七年以下有期徒刑,并处罚金;数额巨大或者有其他严重情节的,处七年以上有期徒刑或无期徒刑,并处罚金或没收财产。

【案例 6-7】在网络贷款平台上受让债权的认定问题。

➡ **案情介绍** 向某与何某系夫妻,二人于 2016 年 8 月 17 日签订了《借款承诺书》,约定借款人发生违约行为,愿意承担罚息(未还本金万分之五/天)、逾期催收费(未还本金的 1%),以及超期利息等。2016 年 9 月 2 日,向某通过某网络平台借款,并与出借人周某等人及管理方某网络平台公司签订《网络借款电子借条》,约定向某向出借人借款 260 万元用于建材生意资金周转,借款利率 16%,应偿还本息金额为 3016000.04 元,还款方式为还本付息,还款分期月数 12 个月,自 2016 年 9 月 2 日起至 2017 年 9 月 1 日止,还款日为每月的 1 日,同时管理方有权向借入方收取双方约定的平台成交服务费,具体每月为本金的 0.5%,与当月利息一并缴纳。借入方应严格履行还款义务,如借入方逾期还款超过 3 天,管理方将收取平台逾期催收费作为网站电话提醒和催收服务的费用等。向某、何某均在该份借条上签字捺印。签订协议后,2016 年 9 月 5 日,管理方某网络平台公司将借款 26 万元汇入被告向某的账户。收到借款后,向某仅正常支付每月利息(含平台服务费)47666.67 元四期。2018 年 2 月 1 日,管理方某网络平台公司受让了出借人对向某的债权,并与丁某签订《债权转让协议》,将该债权全部转让给丁某,并通过 EMS 的方式将债权转让的相关事宜通知了向某及何某。截至 2018 年 5 月 1 日,向某、何某尚欠丁某本金 260 万元,贷款期限内剩余八期利息(含平台服务费)381333.36 元

[260万元×（16%+6%）÷12个月×8个月=381333.36元]，除之后支付的45000元现金及182000元酒水款，尚欠利息（含平台服务费）154333.36元，罚息121333.3元（260万元×18%÷360天×242天=314600元，但丁某仅主张121333.3元），催收费26000元。

丁某受让某网络平台公司对向某、何某的债权是否有效？丁某是否有权要求向某、何某偿还上述费用？

➡ **律师指引** 首先，本案中所涉债权合法有效。向某、何某通过管理方某网络平台公司与出借人周某等签订的《网络借款电子借条》系三方当事人真实意思表示，且不违反法律规定，属有效借款合同。向某通过管理方某网络平台公司提取了借款后应按照借条约定按期还款，现逾期还款构成违约，何某作为共同贷款人应承担共同还款责任。其次，本案所涉债权已依法转让。管理方某网络平台公司在受让了出借人对被告向某、何某的债权后，与丁某签订《债权转让协议》，将该债权全部转让给丁某，依照《民法典》第五百四十六条第一款"债权人转让债权，未通知债务人的，该转让对债务人不发生效力"的规定，某网络平台公司在转让债权时已通过EMS方式通知了向某、何某，债权转让已完成，向某、何某应直接向原告承担还款责任。最后，所转让的债权系整体转让，包括借款本金、利息及服务费等。《最高人民法院关于审理民间借贷案件适用法律若干问题的规定（2020第二次修正）》第二十五条规定，出借人请求借款人按照合同约定利率支付利息的，人民法院应予支持，但是双方约定的利率超过合同成立时一年期贷款市场报价利率四倍的除外。第二十九条规定，出借人与借款人既约定了逾期利率，又约定了违约金或者其他费用，出借人可以选择主张逾期利息、违约金或者其他费用，也可以一并主张，但是总计超过

第六章 P2P网络贷款合同纠纷问题

合同成立时一年期贷款市场报价利率四倍的部分，人民法院不予支持。第三十一条规定，2020年8月20日之后新受理的一审民间借贷案件，借贷合同成立于2020年8月20日之前，当事人请求适用当时的司法解释计算自合同成立到2020年8月19日的利息部分的，人民法院应予支持；对于自2020年8月20日到借款返还之日的利息部分，适用起诉时本规定的利率保护标准计算。

现丁某主张向某、何某按《网络借款电子借条》约定的借款期限内年利率16%支付借款期限内利息，按月利率0.5%即年利率6%支付借款期限内平台服务费，不超出年利率24%的法律规定。另《借款承诺书》约定借款人发生违约行为，愿意承担罚息（未还本金万分之五/天）即年利率18%、逾期催收费（未还本金的1%），亦不超出年利率24%的法律规定，向某、何某逾期还款作为违约方应承担上述费用。

▶ **法律应用** 《民法典》第五百四十六条 债权人转让债权，未通知债务人的，该转让对债务人不发生效力。

债权转让权利的通知不得撤销，但经受让人同意的除外。

附录：相关法律法规

附录 A　中华人民共和国民法典（节录）

（主席令第四十五号）

《中华人民共和国民法典》已由中华人民共和国第十三届全国人民代表大会第三次会议于 2020 年 5 月 28 日通过，现予公布，自 2021 年 1 月 1 日起施行。

中华人民共和国主席 习近平

2020 年 5 月 28 日

第一编　　总则

第一章　　基本规定

第一条　为了保护民事主体的合法权益，调整民事关系，维护社会和经济秩序，适应中国特色社会主义发展要求，弘扬社会主义核心价值观，根据宪法，制定本法。

第二条　民法调整平等主体的自然人、法人和非法人组织之间的人身关系和财产关系。

第三条　民事主体的人身权利、财产权利以及其他合法权益受法律保护，任何组织或者个人不得侵犯。

第四条　民事主体在民事活动中的法律地位一律平等。

第五条　民事主体从事民事活动，应当遵循自愿原则，按照自己的意思设立、变更、终止民事法律关系。

第六条　民事主体从事民事活动，应当遵循公平原则，合理确定各方的权利和义务。

第七条　民事主体从事民事活动，应当遵循诚信原则，秉持诚实，恪守承诺。

第八条　民事主体从事民事活动，不得违反法律，不得违背公序良俗。

第九条　民事主体从事民事活动，应当有利于节约资源、保护生态环境。

第十条　处理民事纠纷，应当依照法律；法律没有规定的，可以适用习惯，但是不得违背公序良俗。

第十一条　其他法律对民事关系有特别规定的，依照其规定。

第十二条　中华人民共和国领域内的民事活动，适用中华人民共和国法律。法律另有规定的，依照其规定。

第六章　民事法律行为

第三节 民事法律行为的效力

第一百四十三条　具备下列条件的民事法律行为有效：

（一）行为人具有相应的民事行为能力；

（二）意思表示真实；

（三）不违反法律、行政法规的强制性规定，不违背公序良俗。

第一百四十四条 无民事行为能力人实施的民事法律行为无效。

第一百四十六条 行为人与相对人以虚假的意思表示实施的民事法律行为无效。

以虚假的意思表示隐藏的民事法律行为的效力，依照有关法律规定处理。

第一百四十七条 基于重大误解实施的民事法律行为，行为人有权请求人民法院或者仲裁机构予以撤销。

第一百四十八条 一方以欺诈手段，使对方在违背真实意思的情况下实施的民事法律行为，受欺诈方有权请求人民法院或者仲裁机构予以撤销。

第一百四十九条 第三人实施欺诈行为，使一方在违背真实意思的情况下实施的民事法律行为，对方知道或者应当知道该欺诈行为的，受欺诈方有权请求人民法院或者仲裁机构予以撤销。

第一百五十条 一方或者第三人以胁迫手段，使对方在违背真实意思的情况下实施的民事法律行为，受胁迫方有权请求人民法院或者仲裁机构予以撤销。

第一百五十一条 一方利用对方处于危困状态、缺乏判断能力等情形，致使民事法律行为成立时显失公平的，受损害方有权请求人民法院或者仲裁机构予以撤销。

第一百五十三条 违反法律、行政法规的强制性规定的民事法律行为无效。但是，该强制性规定不导致该民事法律行为无效的除外。

违背公序良俗的民事法律行为无效。

第一百五十四条　行为人与相对人恶意串通，损害他人合法权益的民事法律行为无效。

第一百五十七条　民事法律行为无效、被撤销或者确定不发生效力后，行为人因该行为取得的财产，应当予以返还；不能返还或者没有必要返还的，应当折价补偿。有过错的一方应当赔偿对方由此所受到的损失；各方都有过错的，应当各自承担相应的责任。法律另有规定的，依照其规定。

第二编　　物权

第四分编　　担保物权

第十六章　　一般规定

第三百八十六条　担保物权人在债务人不履行到期债务或者发生当事人约定的实现担保物权的情形，依法享有就担保财产优先受偿的权利，但是法律另有规定的除外。

第十七章　　抵押权

第一节　一般抵押权

第三百九十四条　为担保债务的履行，债务人或者第三人不转移财产的占有，将该财产抵押给债权人的，债务人不履行到期债务或者发生当事人约定的实现抵押权的情形，债权人有权就该财产优先受偿。

前款规定的债务人或者第三人为抵押人，债权人为抵押权人，提供担保的财产为抵押财产。

第三百九十五条 债务人或者第三人有权处分的下列财产可以抵押：

（一）建筑物和其他土地附着物；

（二）建设用地使用权；

（三）海域使用权；

（四）生产设备、原材料、半成品、产品；

（五）正在建造的建筑物、船舶、航空器；

（六）交通运输工具；

（七）法律、行政法规未禁止抵押的其他财产。

抵押人可以将前款所列财产一并抵押。

第三百九十九条 下列财产不得抵押：

（一）土地所有权；

（二）宅基地、自留地、自留山等集体所有土地的使用权，但是法律规定可以抵押的除外；

（三）学校、幼儿园、医疗机构等为公益目的成立的非营利法人的教育设施、医疗卫生设施和其他公益设施；

（四）所有权、使用权不明或者有争议的财产；

（五）依法被查封、扣押、监管的财产；

（六）法律、行政法规规定不得抵押的其他财产。

第四百零七条 抵押权不得与债权分离而单独转让或者作为其他债权的担保。债权转让的，担保该债权的抵押权一并转让，但是法律另有规定或者当事人另有约定的除外。

第二节 最高额抵押权

第四百二十条 为担保债务的履行,债务人或者第三人对一定期间内将要连续发生的债权提供担保财产的,债务人不履行到期债务或者发生当事人约定的实现抵押权的情形,抵押权人有权在最高债权额限度内就该担保财产优先受偿。

最高额抵押权设立前已经存在的债权,经当事人同意,可以转入最高额抵押担保的债权范围。

第四百二十二条 最高额抵押担保的债权确定前,抵押权人与抵押人可以通过协议变更债权确定的期间、债权范围以及最高债权额。但是,变更的内容不得对其他抵押权人产生不利影响。

第十八章　质权

第一节 动产质权

第四百二十五条 为担保债务的履行,债务人或者第三人将其动产出质给债权人占有的,债务人不履行到期债务或者发生当事人约定的实现质权的情形,债权人有权就该动产优先受偿。

前款规定的债务人或者第三人为出质人,债权人为质权人,交付的动产为质押财产。

第二节 权利质权

第四百四十条 债务人或者第三人有权处分的下列权利可以出质:

（一）汇票、本票、支票；

（二）债券、存款单；

（三）仓单、提单；

（四）可以转让的基金份额、股权；

（五）可以转让的注册商标专用权、专利权、著作权等知识产权中的财产权；

（六）现有的以及将有的应收账款；

（七）法律、行政法规规定可以出质的其他财产权利。

第十九章　　留置权

第四百四十七条　债务人不履行到期债务，债权人可以留置已经合法占有的债务人的动产，并有权就该动产优先受偿。

前款规定的债权人为留置权人，占有的动产为留置财产。

第三编　　合同

第一分编　　通则

第二章　　合同的订立

第四百六十九条　当事人订立合同，可以采用书面形式、口头形式或者其他形式。

书面形式是合同书、信件、电报、电传、传真等可以有形地表现所载内容的形式。

以电子数据交换、电子邮件等方式能够有形地表现所载内容，并可以随时调取查用的数据电文，视为书面形式。

第四百九十条 当事人采用合同书形式订立合同的，自当事人均签名、盖章或者按指印时合同成立。在签名、盖章或者按指印之前，当事人一方已经履行主要义务，对方接受时，该合同成立。

法律、行政法规规定或者当事人约定合同应当采用书面形式订立，当事人未采用书面形式但是一方已经履行主要义务，对方接受时，该合同成立。

第四百九十六条 格式条款是当事人为了重复使用而预先拟定，并在订立合同时未与对方协商的条款。

采用格式条款订立合同的，提供格式条款的一方应当遵循公平原则确定当事人之间的权利和义务，并采取合理的方式提示对方注意免除或者减轻其责任等与对方有重大利害关系的条款，按照对方的要求，对该条款予以说明。提供格式条款的一方未履行提示或者说明义务，致使对方没有注意或者理解与其有重大利害关系的条款的，对方可以主张该条款不成为合同的内容。

第四百九十七条 有下列情形之一的，该格式条款无效：

（一）具有本法第一编第六章第三节和本法第五百零六条规定的无效情形；

（二）提供格式条款一方不合理地免除或者减轻其责任、加重对方责任、限制对方主要权利；

（三）提供格式条款一方排除对方主要权利。

第四百九十八条 对格式条款的理解发生争议的，应当按照通常理解予以解释。对格式条款有两种以上解释的，应当作出不利于提供格式条款一方的解释。格式条款和非格式条款不一致的，应当采用非格式条款。

第三章　合同的效力

第五百零二条 依法成立的合同，自成立时生效，但是法律另有规定或者当事人另有约定的除外。

依照法律、行政法规的规定，合同应当办理批准等手续的，依照其规定。未办理批准等手续影响合同生效的，不影响合同中履行报批等义务条款以及相关条款的效力。应当办理申请批准等手续的当事人未履行义务的，对方可以请求其承担违反该义务的责任。

依照法律、行政法规的规定，合同的变更、转让、解除等情形应当办理批准等手续的，适用前款规定。

第四章　合同的履行

第五百零九条 当事人应当按照约定全面履行自己的义务。

当事人应当遵循诚信原则，根据合同的性质、目的和交易习惯履行通知、协助、保密等义务。

当事人在履行合同过程中，应当避免浪费资源、污染环境和破坏生态。

第五百一十条 合同生效后，当事人就质量、价款或者报酬、履行地点等内容没有约定或者约定不明确的，可以协议补充；不能达成补充协议的,按照合同相关条款或者交易习惯确定。

第五百一十一条 当事人就有关合同内容约定不明确,依据前条规定仍不能确定的,适用下列规定:

(一)质量要求不明确的,按照强制性国家标准履行;没有强制性国家标准的,按照推荐性国家标准履行;没有推荐性国家标准的,按照行业标准履行;没有国家标准、行业标准的,按照通常标准或者符合合同目的的特定标准履行。

(二)价款或者报酬不明确的,按照订立合同时履行地的市场价格履行;依法应当执行政府定价或者政府指导价的,依照规定履行。

(三)履行地点不明确,给付货币的,在接受货币一方所在地履行;交付不动产的,在不动产所在地履行;其他标的,在履行义务一方所在地履行。

(四)履行期限不明确的,债务人可以随时履行,债权人也可以随时请求履行,但是应当给对方必要的准备时间。

(五)履行方式不明确的,按照有利于实现合同目的的方式履行。

(六)履行费用的负担不明确的,由履行义务一方负担;因债权人原因增加的履行费用,由债权人负担。

第六章 合同的变更和转让

第五百四十五条 债权人可以将债权的全部或者部分转让给第三人,但是有下列情形之一的除外:

(一)根据债权性质不得转让;

(二)按照当事人约定不得转让;

（三）依照法律规定不得转让。

当事人约定非金钱债权不得转让的，不得对抗善意第三人。当事人约定金钱债权不得转让的，不得对抗第三人。

第五百四十六条 债权人转让债权，未通知债务人的，该转让对债务人不发生效力。

债权转让的通知不得撤销，但是经受让人同意的除外。

第五百四十七条 债权人转让债权的，受让人取得与债权有关的从权利，但是该从权利专属于债权人自身的除外。

受让人取得从权利不因该从权利未办理转移登记手续或者未转移占有而受到影响。

第五百五十一条 债务人将债务的全部或者部分转移给第三人的，应当经债权人同意。

债务人或者第三人可以催告债权人在合理期限内予以同意，债权人未作表示的，视为不同意。

第七章　　合同的权利义务终止

第五百六十条 债务人对同一债权人负担的数项债务种类相同，债务人的给付不足以清偿全部债务的，除当事人另有约定外，由债务人在清偿时指定其履行的债务。

债务人未作指定的，应当优先履行已经到期的债务；数项债务均到期的，优先履行对债权人缺乏担保或者担保最少的债务；均无担保或者担保相等的，优先履行债务人负担较重的债务；负担相同的，按照债务到期的先后顺序履行；到期时间相同的，按照债务比例履行。

第五百六十一条 债务人在履行主债务外还应当支付利息和实现债权的有关费用，其给付不足以清偿全部债务的，除当事人另有约定外，应当按照下列顺序履行：

（一）实现债权的有关费用；

（二）利息；

（三）主债务。

第五百六十二条 当事人协商一致，可以解除合同。

当事人可以约定一方解除合同的事由。解除合同的事由发生时，解除权人可以解除合同。

第五百六十三条 有下列情形之一的，当事人可以解除合同：

（一）因不可抗力致使不能实现合同目的；

（二）在履行期限届满前，当事人一方明确表示或者以自己的行为表明不履行主要债务；

（三）当事人一方迟延履行主要债务，经催告后在合理期限内仍未履行；

（四）当事人一方迟延履行债务或者有其他违约行为致使不能实现合同目的；

（五）法律规定的其他情形。

以持续履行的债务为内容的不定期合同，当事人可以随时解除合同，但是应当在合理期限之前通知对方。

第五百六十五条 当事人一方依法主张解除合同的，应当通知对方。合同自通知到达对方时解除；通知载明债务人在一定期限内不履行债务则合同自动解除，债务人在该期限内未履行债务的，合同自通知载明的期限届满时解除。对方对解除合同有异议的，任何一方当事人均可以请求人民法院或者仲裁机构确认解除行为的效力。

当事人一方未通知对方，直接以提起诉讼或者申请仲裁的方式依法主张解除合同，人民法院或者仲裁机构确认该主张的，合同自起诉状副本或者仲裁申请书副本送达对方时解除。

第八章　　违约责任

第五百七十七条　当事人一方不履行合同义务或者履行合同义务不符合约定的，应当承担继续履行、采取补救措施或者赔偿损失等违约责任。

第五百八十六条　当事人可以约定一方向对方给付定金作为债权的担保。定金合同自实际交付定金时成立。

定金的数额由当事人约定；但是，不得超过主合同标的额的百分之二十，超过部分不产生定金的效力。实际交付的定金数额多于或者少于约定数额的，视为变更约定的定金数额。

第五百八十七条　债务人履行债务的，定金应当抵作价款或者收回。给付定金的一方不履行债务或者履行债务不符合约定，致使不能实现合同目的的，无权请求返还定金；收受定金的一方不履行债务或者履行债务不符合约定，致使不能实现合同目的的，应当双倍返还定金。

附录：相关法律法规

第二分编　　典型合同

第十二章　　借款合同

第六百六十七条　借款合同是借款人向贷款人借款，到期返还借款并支付利息的合同。

第六百六十八条　借款合同应当采用书面形式，但是自然人之间借款另有约定的除外。

借款合同的内容一般包括借款种类、币种、用途、数额、利率、期限和还款方式等条款。

第六百六十九条　订立借款合同，借款人应当按照贷款人的要求提供与借款有关的业务活动和财务状况的真实情况。

第六百七十条　借款的利息不得预先在本金中扣除。利息预先在本金中扣除的，应当按照实际借款数额返还借款并计算利息。

第六百七十一条　贷款人未按照约定的日期、数额提供借款，造成借款人损失的，应当赔偿损失。

借款人未按照约定的日期、数额收取借款的，应当按照约定的日期、数额支付利息。

第六百七十二条　贷款人按照约定可以检查、监督借款的使用情况。借款人应当按照约定向贷款人定期提供有关财务会计报表或者其他资料。

第六百七十三条　借款人未按照约定的借款用途使用借款的，贷款人可以停止发放借款、提前收回借款或者解除合同。

第六百七十四条　借款人应当按照约定的期限支付利息。对支付利息的期限没有约定或者约定不明确，依据本法第五百一十条的规定仍不能确定，借款期间不满一年的，应当在返还借款时一并支付；借款期间一年以上的，应当在每届满一年时支付，剩余期间不满一年的，应当在返还借款时一并支付。

第六百七十五条　借款人应当按照约定的期限返还借款。对借款期限没有约定或者约定不明确，依据本法第五百一十条的规定仍不能确定的，借款人可以随时返还；贷款人可以催告借款人在合理期限内返还。

第六百七十六条　借款人未按照约定的期限返还借款的，应当按照约定或者国家有关规定支付逾期利息。

第六百七十七条　借款人提前返还借款的，除当事人另有约定外，应当按照实际借款的期间计算利息。

第六百七十八条　借款人可以在还款期限届满前向贷款人申请展期；贷款人同意的，可以展期。

第六百七十九条　自然人之间的借款合同，自贷款人提供借款时成立。

第六百八十条　禁止高利放贷，借款的利率不得违反国家有关规定。

借款合同对支付利息没有约定的，视为没有利息。

借款合同对支付利息约定不明确，当事人不能达成补充协议的，按照当地或者当事人的交易方式、交易习惯、市场利率等因素确定利息；自然人之间借款的，视为没有利息。

第十三章　保证合同

第一节　一般规定

第六百八十一条　保证合同是为保障债权的实现，保证人和债权人约定,当债务人不履行到期债务或者发生当事人约定的情形时,保证人履行债务或者承担责任的合同。

第六百八十二条 保证合同是主债权债务合同的从合同。主债权债务合同无效的,保证合同无效,但是法律另有规定的除外。

保证合同被确认无效后,债务人、保证人、债权人有过错的,应当根据其过错各自承担相应的民事责任。

第六百八十三条 机关法人不得为保证人,但是经国务院批准为使用外国政府或者国际经济组织贷款进行转贷的除外。

以公益为目的的非营利法人、非法人组织不得为保证人。

第六百八十六条 保证的方式包括一般保证和连带责任保证。

当事人在保证合同中对保证方式没有约定或者约定不明确的,按照一般保证承担保证责任。

第六百八十七条 当事人在保证合同中约定,债务人不能履行债务时,由保证人承担保证责任的,为一般保证。

一般保证的保证人在主合同纠纷未经审判或者仲裁,并就债务人财产依法强制执行仍不能履行债务前,有权拒绝向债权人承担保证责任,但是有下列情形之一的除外:

(一)债务人下落不明,且无财产可供执行;

(二)人民法院已经受理债务人破产案件;

(三)债权人有证据证明债务人的财产不足以履行全部债务或者丧失履行债务能力;

(四)保证人书面表示放弃本款规定的权利。

第六百八十八条 当事人在保证合同中约定保证人和债务人对债务承担连带责任的,为连带责任保证。

连带责任保证的债务人不履行到期债务或者发生当事人约定的情形时，债权人可以请求债务人履行债务，也可以请求保证人在其保证范围内承担保证责任。

第二节 保证责任

第六百九十一条 保证的范围包括主债权及其利息、违约金、损害赔偿金和实现债权的费用。当事人另有约定的，按照其约定。

第六百九十二条 保证期间是确定保证人承担保证责任的期间，不发生中止、中断和延长。

债权人与保证人可以约定保证期间，但是约定的保证期间早于主债务履行期限或者与主债务履行期限同时届满的，视为没有约定；没有约定或者约定不明确的，保证期间为主债务履行期限届满之日起六个月。

债权人与债务人对主债务履行期限没有约定或者约定不明确的，保证期间自债权人请求债务人履行债务的宽限期届满之日起计算。

第六百九十五条 债权人和债务人未经保证人书面同意，协商变更主债权债务合同内容，减轻债务的，保证人仍对变更后的债务承担保证责任；加重债务的，保证人对加重的部分不承担保证责任。

债权人和债务人变更主债权债务合同的履行期限，未经保证人书面同意的，保证期间不受影响。

第六百九十六条 债权人转让全部或者部分债权，未通知保证人的，该转让对保证人不发生效力。

保证人与债权人约定禁止债权转让，债权人未经保证人书面同意转让债权的，保证人对受让人不再承担保证责任。

第六百九十七条 债权人未经保证人书面同意，允许债务人转移全部或者部分债务，保证人对未经其同意转移的债务不再承担保证责任，但是债权人和保证人另有约定的除外。

第三人加入债务的，保证人的保证责任不受影响。

第七百条 保证人承担保证责任后，除当事人另有约定外，有权在其承担保证责任的范围内向债务人追偿，享有债权人对债务人的权利，但是不得损害债权人的利益。

第二十三章 委托合同

第九百二十五条 受托人以自己的名义，在委托人的授权范围内与第三人订立的合同，第三人在订立合同时知道受托人与委托人之间的代理关系的，该合同直接约束委托人和第三人；但是，有确切证据证明该合同只约束受托人和第三人的除外。

第五编 婚姻家庭

第三章 家庭关系

第一千零六十二条 夫妻在婚姻关系存续期间所得的下列财产，为夫妻的共同财产，归夫妻共同所有：

（一）工资、奖金、劳务报酬；

（二）生产、经营、投资的收益；

（三）知识产权的收益；

（四）继承或者受赠的财产，但是本法第一千零六十三条第三项规定

的除外;

(五)其他应当归共同所有的财产。

夫妻对共同财产,有平等的处理权。

第一千零六十三条 下列财产为夫妻一方的个人财产:

(一)一方的婚前财产;

(二)一方因受到人身损害获得的赔偿或者补偿;

(三)遗嘱或者赠与合同中确定只归一方的财产;

(四)一方专用的生活用品;

(五)其他应当归一方的财产。

第一千零六十四条 夫妻双方共同签名或者夫妻一方事后追认等共同意思表示所负的债务,以及夫妻一方在婚姻关系存续期间以个人名义为家庭日常生活需要所负的债务,属于夫妻共同债务。

夫妻一方在婚姻关系存续期间以个人名义超出家庭日常生活需要所负的债务,不属于夫妻共同债务;但是,债权人能够证明该债务用于夫妻共同生活、共同生产经营或者基于夫妻双方共同意思表示的除外。

第一千零六十五条 男女双方可以约定婚姻关系存续期间所得的财产以及婚前财产归各自所有、共同所有或者部分各自所有、部分共同所有。约定应当采用书面形式。没有约定或者约定不明确的,适用本法第一千零六十二条、第一千零六十三条的规定。

夫妻对婚姻关系存续期间所得的财产以及婚前财产的约定,对双方具有法律约束力。

夫妻对婚姻关系存续期间所得的财产约定归各自所有,夫或者妻一方对外所负的债务,相对人知道该约定的,以夫或者妻一方的个人财产清偿。

第六编 继承

第一章 一般规定

第一千一百二十二条 遗产是自然人死亡时遗留的个人合法财产。

依照法律规定或者根据其性质不得继承的遗产，不得继承。

附录B 最高人民法院关于审理民间借贷案件适用法律若干问题的规定

（2015年6月23日最高人民法院审判委员会第1655次会议通过，根据2020年8月18日最高人民法院审判委员会第1809次会议通过的《最高人民法院关于修改〈关于审理民间借贷案件适用法律若干问题的规定〉的决定》第一次修正，根据2020年12月23日最高人民法院审判委员会第1823次会议通过的《最高人民法院关于修改〈最高人民法院关于在民事审判工作中适用《中华人民共和国工会法》若干问题的解释〉等二十七件民事类司法解释的决定》第二次修正）

为正确审理民间借贷纠纷案件，根据《中华人民共和国民法典》《中华人民共和国民事诉讼法》《中华人民共和国刑事诉讼法》等相关法律之规定，结合审判实践，制定本规定。

第一条 本规定所称的民间借贷，是指自然人、法人和非法人组织之间进行资金融通的行为。

经金融监管部门批准设立的从事贷款业务的金融机构及其分支机构，因发放贷款等相关金融业务引发的纠纷，不适用本规定。

附录：相关法律法规

第二条 出借人向人民法院提起民间借贷诉讼时，应当提供借据、收据、欠条等债权凭证以及其他能够证明借贷法律关系存在的证据。

当事人持有的借据、收据、欠条等债权凭证没有载明债权人，持有债权凭证的当事人提起民间借贷诉讼的，人民法院应予受理。被告对原告的债权人资格提出有事实依据的抗辩，人民法院经审查认为原告不具有债权人资格的，裁定驳回起诉。

第三条 借贷双方就合同履行地未约定或者约定不明确，事后未达成补充协议，按照合同相关条款或者交易习惯仍不能确定的，以接受货币一方所在地为合同履行地。

第四条 保证人为借款人提供连带责任保证，出借人仅起诉借款人的，人民法院可以不追加保证人为共同被告；出借人仅起诉保证人的，人民法院可以追加借款人为共同被告。

保证人为借款人提供一般保证，出借人仅起诉保证人的，人民法院应当追加借款人为共同被告；出借人仅起诉借款人的，人民法院可以不追加保证人为共同被告。

第五条 人民法院立案后，发现民间借贷行为本身涉嫌非法集资等犯罪的，应当裁定驳回起诉，并将涉嫌非法集资等犯罪的线索、材料移送公安或者检察机关。

公安或者检察机关不予立案，或者立案侦查后撤销案件，或者检察机关作出不起诉决定，或者经人民法院生效判决认定不构成非法集资等犯罪，当事人又以同一事实向人民法院提起诉讼的，人民法院应予受理。

第六条 人民法院立案后，发现与民间借贷纠纷案件虽有关联但不是同一事实的涉嫌非法集资等犯罪的线索、材料的,人民法院应当继续审理民间借贷纠纷案件,并将涉嫌非法集资等犯罪的线索、材料移送公安或者检察机关。

第七条 民间借贷纠纷的基本案件事实必须以刑事案件的审理结果为依据,而该刑事案件尚未审结的,人民法院应当裁定中止诉讼。

第八条 借款人涉嫌犯罪或者生效判决认定其有罪,出借人起诉请求担保人承担民事责任的,人民法院应予受理。

第九条 自然人之间的借款合同具有下列情形之一的,可以视为合同成立:

(一)以现金支付的,自借款人收到借款时;

(二)以银行转账、网上电子汇款等形式支付的,自资金到达借款人账户时;

(三)以票据交付的,自借款人依法取得票据权利时;

(四)出借人将特定资金账户支配权授权给借款人的,自借款人取得对该账户实际支配权时;

(五)出借人以与借款人约定的其他方式提供借款并实际履行完成时。

第十条 法人之间、非法人组织之间以及它们相互之间为生产、经营需要订立的民间借贷合同,除存在民法典第一百四十六条、第一百五十三条、第一百五十四条以及本规定第十三条规定的情形外,当事人主张民间借贷合同有效的,人民法院应予支持。

第十一条 法人或者非法人组织在本单位内部通过借款形式向职工筹

集资金，用于本单位生产、经营，且不存在民法典第一百四十四条、第一百四十六条、第一百五十三条、第一百五十四条以及本规定第十三条规定的情形，当事人主张民间借贷合同有效的，人民法院应予支持。

第十二条 借款人或者出借人的借贷行为涉嫌犯罪，或者已经生效的裁判认定构成犯罪，当事人提起民事诉讼的，民间借贷合同并不当然无效。人民法院应当依据民法典第一百四十四条、第一百四十六条、第一百五十三条、第一百五十四条以及本规定第十三条之规定，认定民间借贷合同的效力。

担保人以借款人或者出借人的借贷行为涉嫌犯罪或者已经生效的裁判认定构成犯罪为由，主张不承担民事责任的，人民法院应当依据民间借贷合同与担保合同的效力、当事人的过错程度，依法确定担保人的民事责任。

第十三条 具有下列情形之一的，人民法院应当认定民间借贷合同无效：

（一）套取金融机构贷款转贷的；

（二）以向其他营利法人借贷、向本单位职工集资，或者以向公众非法吸收存款等方式取得的资金转贷的；

（三）未依法取得放贷资格的出借人，以营利为目的向社会不特定对象提供借款的；

（四）出借人事先知道或者应当知道借款人借款用于违法犯罪活动仍然提供借款的；

（五）违反法律、行政法规强制性规定的；

（六）违背公序良俗的。

第十四条 原告以借据、收据、欠条等债权凭证为依据提起民间借贷诉讼，被告依据基础法律关系提出抗辩或者反诉，并提供证据证明债权纠纷非民间借贷行为引起的，人民法院应当依据查明的案件事实，按照基础法律关系审理。

当事人通过调解、和解或者清算达成的债权债务协议，不适用前款规定。

第十五条 原告仅依据借据、收据、欠条等债权凭证提起民间借贷诉讼，被告抗辩已经偿还借款的，被告应当对其主张提供证据证明。被告提供相应证据证明其主张后，原告仍应就借贷关系的存续承担举证责任。

被告抗辩借贷行为尚未实际发生并能作出合理说明的，人民法院应当结合借贷金额、款项交付、当事人的经济能力、当地或者当事人之间的交易方式、交易习惯、当事人财产变动情况以及证人证言等事实和因素，综合判断查证借贷事实是否发生。

第十六条 原告仅依据金融机构的转账凭证提起民间借贷诉讼，被告抗辩转账系偿还双方之前借款或者其他债务的，被告应当对其主张提供证据证明。被告提供相应证据证明其主张后，原告仍应就借贷关系的成立承担举证责任。

第十七条 依据《最高人民法院关于适用〈中华人民共和国民事诉讼法〉的解释》第一百七十四条第二款之规定，负有举证责任的原告无正当理由拒不到庭，经审查现有证据无法确认借贷行为、借贷金额、支付方式等案件主要事实的，人民法院对原告主张的事实不予认定。

附录：相关法律法规

第十八条 人民法院审理民间借贷纠纷案件时发现有下列情形之一的，应当严格审查借贷发生的原因、时间、地点、款项来源、交付方式、款项流向以及借贷双方的关系、经济状况等事实，综合判断是否属于虚假民事诉讼：

（一）出借人明显不具备出借能力；

（二）出借人起诉所依据的事实和理由明显不符合常理；

（三）出借人不能提交债权凭证或者提交的债权凭证存在伪造的可能；

（四）当事人双方在一定期限内多次参加民间借贷诉讼；

（五）当事人无正当理由拒不到庭参加诉讼，委托代理人对借贷事实陈述不清或者陈述前后矛盾；

（六）当事人双方对借贷事实的发生没有任何争议或者诉辩明显不符合常理；

（七）借款人的配偶或者合伙人、案外人的其他债权人提出有事实依据的异议；

（八）当事人在其他纠纷中存在低价转让财产的情形；

（九）当事人不正当放弃权利；

（十）其他可能存在虚假民间借贷诉讼的情形。

第十九条 经查明属于虚假民间借贷诉讼，原告申请撤诉的，人民法院不予准许，并应当依据民事诉讼法第一百一十二条之规定，判决驳回其请求。

诉讼参与人或者其他人恶意制造、参与虚假诉讼，人民法院应当依据民事诉讼法第一百一十一条、第一百一十二条和第一百一十三条之规定,依法予以罚款、拘留;构成犯罪的,应当移送有管辖权的司法机关追究刑事责任。

单位恶意制造、参与虚假诉讼的,人民法院应当对该单位进行罚款,并可以对其主要负责人或者直接责任人员予以罚款、拘留;构成犯罪的,应当移送有管辖权的司法机关追究刑事责任。

第二十条 他人在借据、收据、欠条等债权凭证或者借款合同上签名或者盖章,但是未表明其保证人身份或者承担保证责任,或者通过其他事实不能推定其为保证人,出借人请求其承担保证责任的,人民法院不予支持。

第二十一条 借贷双方通过网络贷款平台形成借贷关系,网络贷款平台的提供者仅提供媒介服务,当事人请求其承担担保责任的,人民法院不予支持。

网络贷款平台的提供者通过网页、广告或者其他媒介明示或者有其他证据证明其为借贷提供担保,出借人请求网络贷款平台的提供者承担担保责任的,人民法院应予支持。

第二十二条 法人的法定代表人或者非法人组织的负责人以单位名义与出借人签订民间借贷合同,有证据证明所借款项系法定代表人或者负责人个人使用,出借人请求将法定代表人或者负责人列为共同被告或者第三人的,人民法院应予准许。

法人的法定代表人或者非法人组织的负责人以个人名义与出借人订立民间借贷合同,所借款项用于单位生产经营,出借人请求单位与个人共同承担责任的,人民法院应予支持。

附录：相关法律法规

第二十三条 当事人以订立买卖合同作为民间借贷合同的担保，借款到期后借款人不能还款，出借人请求履行买卖合同的，人民法院应当按照民间借贷法律关系审理。当事人根据法庭审理情况变更诉讼请求的，人民法院应当准许。

按照民间借贷法律关系审理作出的判决生效后，借款人不履行生效判决确定的金钱债务，出借人可以申请拍卖买卖合同标的物，以偿还债务。就拍卖所得的价款与应偿还借款本息之间的差额，借款人或者出借人有权主张返还或者补偿。

第二十四条 借贷双方没有约定利息，出借人主张支付利息的，人民法院不予支持。

自然人之间借贷对利息约定不明，出借人主张支付利息的，人民法院不予支持。除自然人之间借贷的外，借贷双方对借贷利息约定不明，出借人主张利息的，人民法院应当结合民间借贷合同的内容，并根据当地或者当事人的交易方式、交易习惯、市场报价利率等因素确定利息。

第二十五条 出借人请求借款人按照合同约定利率支付利息的，人民法院应予支持，但是双方约定的利率超过合同成立时一年期贷款市场报价利率四倍的除外。

前款所称"一年期贷款市场报价利率"，是指中国人民银行授权全国银行间同业拆借中心自2019年8月20日起每月发布的一年期贷款市场报价利率。

第二十六条 借据、收据、欠条等债权凭证载明的借款金额，一般认定为本金。预先在本金中扣除利息的，人民法院应当将实际出借的金额认定为本金。

第二十七条　借贷双方对前期借款本息结算后将利息计入后期借款本金并重新出具债权凭证，如果前期利率没有超过合同成立时一年期贷款市场报价利率四倍，重新出具的债权凭证载明的金额可认定为后期借款本金。超过部分的利息，不应认定为后期借款本金。

按前款计算，借款人在借款期间届满后应当支付的本息之和，超过以最初借款本金与以最初借款本金为基数、以合同成立时一年期贷款市场报价利率四倍计算的整个借款期间的利息之和的，人民法院不予支持。

第二十八条　借贷双方对逾期利率有约定的，从其约定，但是以不超过合同成立时一年期贷款市场报价利率四倍为限。

未约定逾期利率或者约定不明的，人民法院可以区分不同情况处理：

（一）既未约定借期内利率，也未约定逾期利率，出借人主张借款人自逾期还款之日起参照当时一年期贷款市场报价利率标准计算的利息承担逾期还款违约责任的，人民法院应予支持；

（二）约定了借期内利率但是未约定逾期利率，出借人主张借款人自逾期还款之日起按照借期内利率支付资金占用期间利息的，人民法院应予支持。

第二十九条　出借人与借款人既约定了逾期利率，又约定了违约金或者其他费用，出借人可以选择主张逾期利息、违约金或者其他费用，也可以一并主张，但是总计超过合同成立时一年期贷款市场报价利率四倍的部分，人民法院不予支持。

第三十条　借款人可以提前偿还借款，但是当事人另有约定的除外。

借款人提前偿还借款并主张按照实际借款期限计算利息的，人民法院应予支持。

第三十一条 本规定施行后,人民法院新受理的一审民间借贷纠纷案件,适用本规定。

2020年8月20日之后新受理的一审民间借贷案件,借贷合同成立于2020年8月20日之前,当事人请求适用当时的司法解释计算自合同成立到2020年8月19日的利息部分的,人民法院应予支持;对于自2020年8月20日到借款返还之日的利息部分,适用起诉时本规定的利率保护标准计算。

本规定施行后,最高人民法院以前作出的相关司法解释与本规定不一致的,以本规定为准。